RAPPORT COMMERCIAL

SUR LA

PROVINCE DE MOZAMBIQUE

PAR

Lucien de CAZENAVE

CONSUL GÉNÉRAL DE BELGIQUE

BRUXELLES

Imprimerie XAVIER HAVERMANS, Galerie du Commerce, 24-32

1888

RAPPORT COMMERCIAL

PROVINCE DE MOZAMBIQUE

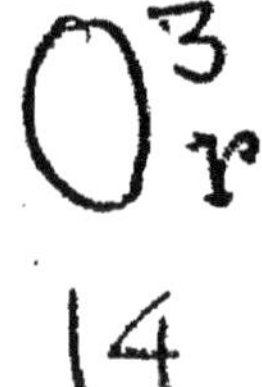

RAPPORT COMMERCIAL

SUR LA

PROVINCE DE MOZAMBIQUE

PAR

Lucien de CAZENAVE

Consul général de Belgique

BRUXELLES

Imprimerie Xavier Havermans, Galerie du Commerce, 24-32

1888

Zanzibar, le 20 décembre 1887.

Monsieur le Ministre,

J'ai l'honneur de vous rendre compte du voyage d'exploration que vous avez bien voulu me charger d'entreprendre dans les possessions portugaises de la côte orientale d'Afrique.

J'ai divisé le présent rapport en deux parties : l'une est relative à la géographie, à l'histoire, à l'hydrographie, etc., l'autre aux productions du sol et au commerce.

PREMIÈRE PARTIE.

Notice géographique. — Divisions.

La province de Mozambique comprend une étendue de 1,160 milles anglais sur la côte orientale d'Afrique, entre les 10° 42' et 26° 30' de latitude sud. Ses limites occidentales ne sont pas fixées et on ne peut préciser d'une façon certaine jusqu'où s'étend l'influence portugaise. Le long du cours du Zambèze, cette influence va jusqu'au delà de *Tête*, à 300 milles environ de la côte.

Cette province est divisée en neuf districts qui sont répartis dans l'ordre suivant, en allant du nord au sud :

1° *District du Cap Delgado.* — Ce district se compose d'un groupe de 28 îles et des territoires de *Macimba*, de *Pangane* et de *Lumbo* (situés sur les rivières *Caramacoma, Quissanga, Montepes*), d'*Arimba* et de *Pemba*. Ce dernier possède une baie de 16 kilomètres de longueur sur 11 de largeur constituant un des meilleurs et des plus vastes abris de toute la province.

Le chef-lieu de ce district est *Ibo*, situé dans l'île du même nom, à 12° 20' de latitude Sud et 40° 38 de longitude Est de Greenwich.

Ibo est la résidence du gouverneur du district et possède une petite garnison. Son port, bien que très grand, est très incommode ; les steamers de la *British India*, qui y font escale, sont obligés de mouiller à plus de deux milles de la côte.

On y pêche la perle et la tortue, et on y récolte le sésame, l'orseille, la cire, le caoutchouc, etc. Dans ces derniers temps, on y a fait des essais de culture de café qui ont donné d'assez bons résultats.

Ce district, anciennement très peuplé, est presque désert aujourd'hui, par suite des razzias que venaient y faire les marchands d'esclaves.

2° *District de Mozambique.* — La juridiction de ce district s'arrête aux lagunes d'Impoensia, de Saula-Saula, d'Entemuda et de Mutuamulamba, qui séparent à l'intérieur les domaines de la couronne portugaise de ceux des rois indigènes.

Le chef-lieu, qui est aussi la capitale de la province, est la ville de *Saint-Sébastien*, située dans l'île de Mozambique, à 15° 03' de latitude sud et 40° 49' de longitude est.

Cette île, qui a une longueur totale de trois kilomètres sur une largeur moyenne de 500 mètres, sépare l'océan Indien d'une baie de plus de 50 kilomètres carrés formant le port de Mozambique.

La passe nord est accessible aux plus grands navires ; celle du sud est impraticable.

La ville de Saint-Sébastien, qui occupe la presque totalité de l'île, est divisée en deux parties : l'une, la plus grande, située vers le nord, est habitée par les Européens et les Indous ; l'autre, au sud, est réservée à la population noire.

Cette ville a été améliorée dans ces dernières années, grâce à M. de Castilho, le gouverneur général actuel, au point que l'on peut affirmer qu'elle est la ville la plus propre et la plus saine de la côte orientale d'Afrique. Les rues sont larges et bien entretenues, les maisons construites dans un style moitié arabe, moitié portugais, sont parfaitement appropriées au climat ; les couleurs vives dont elles sont revêtues donnent à Saint-Sébastien un aspect riant et agréable.

Outre le palais du gouverneur général, ancien couvent des jésuites, construit sur un côté d'une vaste place faisant face à la rade, on y remarque quelques beaux édifices, tels que la douane, l'hôtel de ville, l'hôpital, non encore achevé, construit dans d'excellentes conditions d'hygiène et de confort.

Il y existe aussi un arsenal, établi principalement pour la réparation des navires de guerre et une école industrielle dont la création fait le plus grand honneur aux Portugais.

L'île est défendue par trois forts dont l'un, à l'extrémité nord de la ville, se distingue par ses dimensions considérables ; c'est un magnifique spécimen de l'architecture militaire de xvi siècle ; les Hollandais, dans leurs luttes contre les Portugais, ont vainement essayé de s'en emparer à différentes reprises.

L'eau de source fait défaut, mais elle est remplacée par l'eau de pluie qui est recueillie dans de nombreuses et vastes citernes, en quantité non seulement suffisante pour les besoins de la population mais encore pour ceux de la marine.

La population totale de l'île est d'environ 10,000 habitants, dont les huit dixièmes appartiennent à la race noire.

Le port de Mozambique est desservi par les steamers de la *Castle Mail*, de la *British India* et des *Messageries maritimes*.

3° *District d'Angoche*. — Ce district, situé au sud de celui de Mozambique, se compose d'un grand nombre d'îles dont quelques-unes seulement sont habitées. Il a pour chef-lieu une des îles, appelée autrefois *Caldeira*. La ville est située sur la pointe de *Parapato*, au nord de la rivière d'Angoche, à 16° 15' de latitude sud et 39° 38' est du méridien de Greenwich.

Les terres y sont très fertiles, mais peu cultivées.

4° *District de Quilimane*.— Ce district s'étend entre l'océan Indien à l'est, la rive gauche du *Zambèze* au sud et à l'ouest, et la rive droite du Licungo au nord. Son chef-lieu est la ville de *Quilimane*, située sur la rivière du même nom, à 18 kilomètres de la côte, par 17° 52' de latitude sud et 36° 54' de longitude est. Quilimane est le centre de tout le commerce du Zambèze. Son port, large et profond, est desservi par les steamers de la compagnie « Castle Mail » et par un assez grand nombre de voiliers qui viennent y chercher les produits du pays en échange des articles européens.

Quilimane est reliée par une ligne télégraphique au nouveau port d'*Inhamissengo*, à l'embouchure du Zambèze.

Le sol de ce district est d'une extrême fertilité ; malheureusement les habitants n'en tirent presqu'aucun profit. On y trouve cependant quelques exploitations agricoles d'une certaine importance établies par des Portugais ; je citerai, entre autres, celle de M. Païva Reposo, aux environs de Maupea, qui cultive avec succès l'opium, et celles de MM. Corréa et Carvalho, à Mahindo, s'occupant de la culture de la canne à sucre uniquement en vue de la fabrication du rhum.

Les indigènes fabriquent, avec une argile plastique, d'excellentes briques cuites au bois qui servent à la construction des habitations européennes. Ils font aussi des nattes et des tissus en paille et des instruments en fer pour remuer la terre.

Outre les produits ordinaires de l'Afrique, tels que sésame, arachide, copra, etc., etc., le sol fournit aussi tous les fruits et les légumes de l'Europe. La vigne y vient très bien.

La population du district se compose d'une centaine de blancs, d'environ 275 Goanais et Portugais, et d'un nombre égal d'Indous. Quant au chiffre de la population noire, on peut approximativement l'évaluer à 300,000 âmes.

5° *District de Manica.* — Ce district est borné au nord-est par le *Zambèze* ; au nord et à l'ouest par un affluent de ce dernier, le *Mazoé* ; au sud par le *Rio Busi* et son affluent le *Mussapa* ; et à l'est par l'*océan Indien.* Son chef-lieu est la ville de *Goureia,* située dans l'intérieur du pays à 18° 40' de latitude sud et 34° 20' de longitude est.

Ce district ne possède pas de port, mais le gouvernement général de la province a l'intention d'en établir un à Inhamboïo, à 50 kilomètres de l'embouchure du Rio Pungue. Ce fleuve, très large et profond, peut être remonté par les steamers de fort tonnage à une assez grande distance dans l'intérieur. L'établissement de ce port donnerait un développement immense au commerce de ce district, un des plus riches de la province.

Le sol, sillonné de cours d'eau, y est d'une très grande fertilité. Les mines d'or, d'argent, de fer magnétique y abondent.

Parmi les localités importantes du district, il faut citer *Sena,* petite ville située sur la rive gauche du Zambèze à 17° 30' de latitude sud et 35° de longitude est ; elle se compose de quelques maisons européennes et d'une centaine d'habitations de noirs.

6° *District de Tête*. — Ce district, situé au nord du précédent, ne peut être délimité, l'influence portugaise ne s'étendant qu'à une faible distance des deux rives du Zambèze, à partir de *Massangano* jusqu'aux chutes de ce fleuve. *(Cachoeiras Cabora Bossa.)*

Son chef-lieu est la ville de *Tête*, placée sur la rive droite du Zambèze à 16° 20' de latitude sud et 33° 35' de longitude est.

Tête se compose d'une trentaine de maisons européennes et de nombreuses habitations indigènes. Un fort domine les environs. De l'ancienne forteresse et du mur d'enceinte décrits par Livingstone, il ne reste que des ruines. Cette ville jouit d'une très grande salubrité et le climat y est très doux.

Le sol de ce district produit de l'excellent blé, du maïs, du tabac, du coton, de la canne à sucre. Non moins riche en mines d'or que le district de Manica, il renferme en outre d'importantes mines de charbon et de fer magnétique non exploitées.

7° *District de Sofala*. — Ce district est borné au nord par la rive droite du Zambèze, au sud par le district d'*Inhambane*, à l'ouest par le pays des *Cafres* et à l'est par l'Océan Indien.

Son chef-lieu est situé dans l'île *Chiloane* dont il porte le nom et que les indigènes nomment *Shibute*.

La ville principale est *Sofala* qui fut le premier établissement des Portugais sur la côte orientale d'Afrique et longtemps la capitale de la province de Mozambique. Située à 20° 11' de latitude sud et 34° 20' de longitude est, cette ville est entourée de deux rivières, la *Cuvone* et l'*Inharucuary*, qui se réunissent à *Quissanga* et forment le port de la ville. L'entrée en est peu facile.

Le district de Sofala est très riche en mines d'or, d'argent, de fer; son sol, extrêmement fertile, produit d'excellent blé et des bois forts estimés, tels que : l'*ébène*, le *cèdre*, le *santal*, le *bois de fer*, etc. On y récolte aussi l'orseille, le sésame, l'arachide, etc. L'ivoire est une des branches principales de son commerce.

C'est entre Chiloane et le cap Saint-Sébastien, près de la côte, que se trouve l'archipel de *Bazaruto*. Sur les côtes de ce dernier groupe d'îles, il existe de grands bancs d'huîtres perlières très riches, dit-on, mais non régulièrement exploités jusqu'à présent.

Les steamers de la « Castle mail » font escale à Chiloane.

8° *District d'Inhambane*. — Ce district est borné au nord par celui de *Sofala*, au sud par celui de *Lorenzo-Marquès*, à l'est par l'océan Indien et à l'Ouest par le *Transvaal*.

Son chef-lieu est la ville d'*Inhambane*, située à l'embouchure de la rivière du même nom à 23° 50' de latitude sud et 35° 21' de longitude est.

Le port est assez bien abrité, mais l'entrée en est difficile.

Le sol est presque aussi fertile que celui de la vallée du Zambèze et les produits y sont les mêmes.

On y trouve en abondance une espèce de cire végétale que les indigènes nomment *mafurra*; l'ambre y est aussi très commun.

Les paquebots de la « Castle mail » y font escale.

9° *District de Lorenzo-Marquès*. — Ce district est borné au nord par celui d'Inhambane, au sud par le *Zoulou-land*, à l'ouest par le *Swazi-land* et le *Transvaal*, et à l'est par l'océan Indien.

Son chef-lieu est la ville de *Lorenzo-Marquès*, située à l'embouchure de la rivière de ce nom, dans la baie de *Delagoa*, à 25° 58' de latitude sud et 42° 25' de longitude est.

La découverte des mines d'or du Transvaal a donné à cette ville une importance considérable qui va s'augmentant depuis le commencement de la construction du chemin de fer qui doit la relier à la ville de *Prétoria*.

Beaucoup d'étrangers, des anglais surtout, viennent s'y établir, en prévision de son extension future. On vient d'y tracer les fondations d'une ville nouvelle; des constructions remarquables s'élèvent de toute part.

Le sol de ce district est propre à toutes les cultures, y compris celles d'Europe. On y trouve une plante vibreuse : l'*incachule*, dont on tire des fils suffisamment résistants pour la fabrication des filets de pêche.

Le port est très vaste et bien abrité.

Les Anglais avaient contesté aux Portugais le droit de possession sur la baie de Lorenzo-Marquès; le différend fut soumis à l'arbitrage du maréchal de Mac-Mahon, président de la République française, qui donna gain de cause aux Portugais par un jugement daté du 24 juillet 1875.

Fleuves et rivières.

Le territoire de la province de Mozambique est sillonné par un grand nombre de cours d'eau d'un volume et d'un parcours plus ou moins considérables. Nous nous bornerons à en décrire les plus importants et à mentionner simplement les autres.

Le Zambèze. — Ce fleuve, qui se jette dans l'océan Indien au sud de Quilimane, par un assez grand nombre de bouches, est le plus important de l'Afrique orientale tant par la longueur de son parcours et son grand volume d'eau que par la fertilité de sa vallée et la vaste étendue de pays qu'il peut desservir comme voie de navigation.

Le Zambèze dans presque tout son parcours depuis l'embouchure jusqu'au col de la *Lupata*, un peu en aval de Téte, a une largeur moyenne d'un kilomètre, même pendant la saison sèche. Il n'est praticable qu'aux embarcations calant tout au plus 18 pouces et n'ayant pas plus de 80 pieds de longueur. Les difficultés pour remonter son cours sont très grandes à cause de la vitesse du courant et de la présence de nombreux bancs de sable contre lesquels on va s'échouer et qui forcent à faire de fatiguants détours.

Sur la rive gauche, à *Chaine*, à 60 kilomètres en amont de *Montacataca*, point d'embarquement sur le fleuve, quand on y arrive par la rivière de Quilimane, on rencontre l'embouchure du *Chiré*, lequel sert en même temps au déversement d'une partie des eaux du Zambèze, lequel, à la suite d'une crue extraordinaire, s'est creusé, en face de Sena, un lit très profond jusqu'au lac *Pinda* que traverse le Chiré.

Ce bras, appelé le *Ziou-Ziou*, qui n'existait pas lors du premier voyage de *Livingstone*, et la partie du Chiré comprise entre le lac Pinda et Chaine, constituent une excellente voie de navigation que l'on suit de préférence au Zambèze, bien que ce trajet soit plus long de 40 kilomètres environ.

Le Zambèze est navigable, dans les conditions indiquées plus haut, jusqu'à *Chiramba*, à 75 kilomètres en amont de Sena ; à partir de ce point la navigation ne peut plus se faire qu'en pirogue, et très difficilement, jusqu'aux premières chutes du fleuve, à *Mikilunga*, lesquelles sont à environ 530 kilomètres de la côte.

Ces chutes s'étendent à peu près sur une longueur de 80 kilomètres ; au delà, le fleuve redevient navigable sur un parcours considérable.

La première ville que l'on rencontre, en amont de ces chutes, est *Toca* ; j'en reparlerai plus loin, lorsqu'il sera question du chemin de fer du Zambèze au Chiré.

« The African Lakes Cʸ » de Glascow, a établi un service de petits steamers avec roue motrice à l'arrière, lesquels transportent ses produits sur le Zambèze inférieur et le Chiré.

Il serait désirable que le Gouvernement portugais créât, d'Inhamissingo jusqu'à Chiramba, un service identique qui desservirait les intérêts du commerce actuel et donnerait à celui-ci une importance considérable en diminuant les frais de transport et la durée du voyage.

Le Zambèze, depuis son embouchure jusqu'à Sena, coule dans une valée d'une fertilité extraordinaire ; aussi l'activité commerciale y est-elle plus considérable que dans toute autre partie de la province de Mozambique. Pendant la saison des pluies cette vallée est inondée et l'on est obligé d'établir les habitations sur pilotis et à une certaine hauteur au-dessus du sol.

Avant d'indiquer les principaux affluents du Zambèze, dans la partie comprise entre son embouchure et les premières chutes, je dois donner quelques indications sur la rivière de Quilimane.

Cette rivière, d'après la plupart des géographes, n'est qu'un bras du Zambèze, et je crois qu'on doit la considérer comme tel, attendu que pendant la saison des crues elle est en communication directe avec ce fleuve.

La rivière de Quilimane à son embouchure a une largeur de près de 3 kilomètres entre la pointe de *Tagalane*, au nord, et celle de *Cavalho Marinho*, au sud ; une barre en rend l'entrée assez difficile. Elle est navigable en toute saison jusqu'à *Nhanboa*, point où la marrée commence à ne plus se faire sentir ; plus haut la navigation devient difficile. La rivière, qui jusque-là, a plusieurs centaines de mètres de largeur et une grande profondeur, devient de plus en plus étroite, peu profonde, et son lit est de plus encombré par une plante aquatique formant une couche épaisse à la surface de l'eau.

A partir du point où elle reçoit le *Muto*, petit affluent non navigable qui la met aussi en communication avec le Zambèze, la rivière de Quilimane prend le nom de *Quaqua*.

Le Quaqua va se rétrécissant encore davantage et, à un certain endroit, il existe à peine assez de place pour qu'une embarcation puisse circuler.

Arrivé à *Maupea*, on transporte à dos d'hommes les embarcations et leur contenu jusqu'à *Montacataca*, près de *Vicente*, sur le Zambèze.

— Le trajet à effectuer est de 4 kilomètres.

La même opération se fait en sens inverse lorsqu'on descend le Zambèze avec les produits de l'intérieur pour les apporter à Quilimane.

Pendant la saison des pluies, c'est-à-dire pendant une période de trois à quatre mois, toute cette partie étant inondée, on passe du Zambèze au Quaqua sans transbordement et sans la moindre difficulté.

Le gouvernement portugais avait eu l'intention de réunir le Zambèze au Quaqua par un canal et de canaliser cette rivière, mais ce projet n'a pas eu de suite. Il a été reconnu que les frais considérables qu'entraineraient ces travaux ne seraient pas compensés par les avantages que le commerce en retirerait, du moins pour le moment, le trafic sur ce point comportant un tonnage trop faible.

Deux grandes difficultés techniques seront à résoudre, si on se décide un jour à exécuter ce projet; la première consistera à construire le canal de façon à le mettre à l'abri des crues du fleuve, et la seconde, à établir un ouvrage spécial à l'endroit où ce canal traversera la plage de sable de plusieurs centaines de mètres de largeur qui laisse à nu le Zambèze pendant la saison sèche.

Dans tous les cas, l'entretien d'un tel canal sera très onéreux.

Bien qu'on ait créé un port à l'embouchure du Zambèze, à *Inhamissengo*, le commerce continue néanmoins, et malgré les efforts du gouvernement portugais, à préférer généralement celui de Quilimane. Si le passage du Zambèze à la rivière de Quilimane présente certaines difficultés, celles-ci sont largement compensées par les dangers qu'offre la partie du fleuve comprise entre *Mazaro* et *Inhamissengo*.

Affluents du Zambèze. — En raison de l'énorme superficie de terrain qu'il arrose et des montagnes qui l'avoisinent, le Zambèze reçoit à droite et à gauche un grand nombre d'affluents dont les principaux et les plus connus sont :

1° *Le Chiré,* qui sort du lac Nyassa. Bien que son cours soit très rapide et que ses eaux charrient une grande quantité de plantes flottantes, la navigation sur cette rivière est plus facile que sur le Zambèze. On peut la remonter jusqu'à *Chibisa,* c'est-à-dire sur une longueur correspondant à plus de deux degrés. C'est vers ce point que commencent les chutes du Chiré qui s'étendent jusqu'à *Simbala,* d'où la navigation n'est plus interrompue jusqu'au lac Nyassa.

L'importance de cette voie de communication est considérable, et il suffirait de quelques tronçons de chemins de fer pour mettre en communication avec l'océan Indien toute cette immense partie de l'Afrique centrale qui avoisine les lacs *Nyassa* et *Tanganika.*

2° Le *Luenha,* qui se jette dans le Zambèze à 30 kilomètres en aval de Tête, à l'endroit où le fameux Bonga avait établi son principal *aringa* ou fort qui commandait le fleuve.

Cet affluent arrose avec ses nombreux tributaires, entre autres *le Mazoé,* toute la région du *Rupiré* si riche en mines d'or.

Parmi les principales rivières de la province de Mozambique, on doit encore citer :

1° Le *Pungue,* qui sort des montagnes de la région aurifère de Manica et se jette dans l'océan Indien, au nord de Sofala ;

2° La *Save,* ou *Sabi river* des Anglais, dont l'origine et le parcours ne sont pas bien définis, et qui se jette dans l'océan Indien non loin de Chiloane ;

3° Le *Limpopo,* ou rivière du *Crocodile,* qui prend sa source dans les montagnes situées près de Pretoria ; cette rivière forme la frontière nord du Transvaal, traverse le district d'Inhambane et se jette dans l'océan Indien à *Port-Alice,* au nord de Delagoa bay,

Entre le Zambèze et la frontière nord de la province de Mozambique, il existe une vingtaine de fleuves ou rivières pénétrant assez profondément dans l'intérieur des terres, mais qui sont peu connus, quoique plusieurs, d'après M. O'Neil, consul d'Angleterre, soient navigables à une grande distance.

Comme on peut le voir, la province de Mozambique est riche en cours d'eau, ce qui contribue pour beaucoup à l'extrême fertilité de son sol.

Ports.

Outre les ports dont j'ai déjà fait la description, on trouve au nord de la province de Mozambique six points principaux qui peuvent former des ports réguliers et sûrs, soit pour le cabotage, soit pour la création de grandes villes maritimes. Ce sont, par ordre d'importance commerciale : *Simuku, M'Kufi, Kisima-Julu, Marengi, Nakala* et *Kroosi.*

Le premier peut être considéré comme étant le débouché du commerce du district du chef Makua *Wampicita.* On y exporte du sésame, des racines amères (calumbo), de la cire, du caoutchouc, etc. Son commerce est entièrement entre les mains des Indous.

L'entrée de ce port est large, sans aucun récif, mais à marée basse, il existe un certain nombre de bancs de sable qui la rétrécissent.

M'Kufi, à l'entrée de la rivière du même nom, à 10 milles de *Lurio*, peut en tout temps recevoir des navires et des bateaux d'un tirant d'eau de 5 à 6 pieds. Près de la côte sud la profondeur y est de 3 brasses.

Le village, situé sur une hauteur, est très propre et très salubre.

Kissima-Julu, à 5 milles au sud du cap *Melamo*, est un bon port d'une profondeur de 4 à 10 brasses ; mais l'entrée en est rétrécie par de nombreux bancs de sable. Il est surtout fréquenté par les caboteurs faisant le commerce de bois.

Marengi et *Nakala* sont mentionnés sur toutes les cartes sans aucune indication bien précise.

Kroosi est un port d'un accès difficile, en raison des récifs qui le bordent, mais sa rade est bien protégée. Le village est grand, populeux, et ses habitants font surtout le commerce de bois.

A ces ports il faut encore ajouter ceux de :

1° *Pemba* situé à 12° 56' de latitude sud et 40° 15' de longitude est. Sa baie a une étendue de 9 milles marins du nord au sud sur 6 milles de l'est à l'ouest ; on peut y entrer à toute heure, et c'est un des meilleurs abri qu'il y ait sur toute la côte. Une colonie d'Européens s'y est installée en 1857.

Le sol de Pemba est très fertile et produit, grâce à la douceur de son climat, toute sorte de fruits et de végétaux.

2º *Fernando Veloso,* appelé *Mazizima* par les indigènes.

Ce port est sans contredit le plus beau de toute la côte orientale.

Son étendue du nord au sud est de 12 milles, sur une largeur de plus de 2 milles.

La côte, bien boisée, s'élève en rampe rapide jusqu'à une hauteur de 100 à 200 pieds, avec des promontoires que l'on dirait coupés pour y faire des installations maritimes. Les vents, quelle que soit leur direction, y arrivent directement sans avoir passé par les marais ; ce qui contribue à rendre cet endroit très salubre.

Tout se réunit pour faire de ce port, admirablement bien abrité, d'une vaste étendue, sans bancs de sable et sans récifs, d'une entrée facile en toute saison et en tout temps, l'un des principaux ports de l'avenir.

Il est étonnant que les Portugais ne l'aient pas encore choisi comme point de grande colonisation.

Si la côte au nord de Mozambique est riche en ports et en havres sûrs et profonds, en revanche lorsqu'on se tourne vers le sud on ne trouve que peu d'endroits susceptibles de recevoir le nom de port.

Entre Mozambique et Quilimane, on ne rencontre que *Moniga* alias *Quizemgu,* qui peut être considéré comme port pour les navires venant de l'océan. C'est le débouché naturel des produits d'une partie du pays entre le district de Quilimane et de celui d'Angoche.

Au nord de Sofala, se trouve l'embouchure du fleuve Pungue, qui forme une baie vaste, profonde et bien abritée, laquelle peut devenir le débouché des produits d'une grande partie du district de Manica.

Chemins de fer. Canaux. Télégraphes.

1º *Chemin de fer de Lorenzo-Marquès.* — C'est à partir 1870, époque de la découverte des mines d'or du Transvaal, que l'attention se porta sur la baie de Delagoa. La distance qui sépare ce port de la ville de *Barberton,* fondée au milieu des « Golds fields », est de 120 milles, tandis qu'elle est de 474 de Port-Natal à Barberton. On comprend qu'en présence d'une différence aussi grande, tout le mouvement de voyageurs et de marchandises, se rendant dans cette partie du Transvaal, s'est porté de préférence sur Lorenzo-Marquès.

En très peu de temps ce trafic devint tellement important que l'on songea à construire un chemin de fer et, en 1878, une commission d'ingénieurs portugais fut chargée d'élaborer un projet.

Il existe deux routes conduisant de Delagoa-Bay au Transvaal, la première, la plus longue, est celle qui commence à la rivière de *Timby* et passe par le Swazi-land ; c'est cette route qui fut choisie par les ingénieurs portugais.

La seconde, longée par le chemin de fer actuellement en construction, commence à la jetée de la rade de Lorenzo-Marquès ; elle passe à travers des terrains marécageux d'une certaine étendue qui séparent la ville des premières collines, en suivant le cours de la rivière sur une certaine distance à partir de laquelle la ligne prend la direction ouest-ouest-nord, passe sur la rivière de *Manilla*, en se dirigeant vers la montagne de *Lombobo* qu'elle traverse à la gorge de *Matala* ; après avoir coupé la rivière d'*Incomati*, elle en suit la vallée jusqu'à une distance d'environ 20 à 25 kilomètres de Barberton.

Une société s'était constituée pour établir cette ligne, mais le gouvernement du Cap, prévoyant toutes les conséquences désastreuses que pouvait avoir pour le port de Natal la construction d'un chemin de fer de Lorenzo-Marquès à Prétoria, entra en négociation avec le gouvernement du Transvaal afin d'amener celui-ci à relier sa capitale avec la ligne déjà existante du Cap à Kimberley.

En présence de ces négociations, le gouvernement portugais se décida à faire exécuter à ses frais le chemin de fer sur son territoire. Des ordres furent donnés à Mozambique à cet effet, les travaux furent mis entre les mains du département des travaux publics de la province et commencés le 9 juin 1885. Aujourd'hui, ce chemin de fer est terminé sur tout son parcours à travers le district de Lorenzo-Marquès, c'est-à-dire sur une longueur de 84 kilomètres.

2° *Projet du chemin de fer du Zambèze au Chiré.* — Dans le but de mettre le haut Zambèze et la partie supérieure du Chiré en communication avec l'océan, le gouvernement de la province a fait faire l'étude d'un chemin de fer, partant de *Toca*, située immédiatement en amont des premières chutes du Zambèze, traversant ce fleuve un peu en aval de Tête, rejoignant le Chiré à Chibisa, puis remontant vers le nord jusqu'à Simbala, située au-delà des chutes du Chiré.

Ce chemin de fer, qui pourrait avoir une importance considérable dans l'avenir, car il desservirait comme voie de communication une très grande étendue de pays, n'a pour le moment aucune chance d'être construit.

Projet de canalisation du Quaqua. — Lorsque je me suis occupé de la rivière de Quilimane, j'ai signalé tout ce qu'il y avait à dire sur ce projet. Le gouvernement portugais ne paraît pas disposé à y donner suite avant longtemps.

Télégraphes. — Les villes de Mozambique et de Lorenzo-Marquès sont reliées au cable sous-marin de la « Eastern Télégraph C_y limited », qui vient d'Europe en passant par Aden et Zanzibar et se rendant au Cap. Il a été plusieurs fois question de relier Quilimane à ce câble, mais les exigences de la société ont été telles que le gouverne-portugais a dû y renoncer. Un télégraphe terrestre relie Quilimane à Inhamissengo.

Le gouvernement de la province de Mozambique serait assez disposé à accorder la concession d'une ligne télégraphique terrestre reliant Quilimane à Mozambique avec embranchement sur Angoche; la distance est d'environ 300 kilomètres. En ce moment on place un fil qui part de Quilimane et ira jusqu'à Tête.

Races. Population. Langues.

Tout le long de la côte, depuis *Tunghi* jusqu'à la rivière de Quilimane, et à une certaine distance dans l'intérieur des terres, entre ces deux points, les habitants sont de la race *Makua*. Sur un seul point, on trouve une tribu étrangère du nom de *Mawia*.

Il n'est pas douteux qu'il y a eu sur cette côte un mélange entre la race Makua et l'élément étranger qui est venu s'y implanter depuis plus de huit siècles. Mais quand nous considérons que bien avant l'invasion portugaise, de nombreux points de cette côte avaient été conquis par les Arabes qui pratiquaient la polygamie, que pendant des siècles cette côte a été entre les mains des Portugais qui l'utilisèrent comme colonie pénitentiaire, et que depuis plus d'un siècle des Banians, des Battias et d'autres castes de l'Inde s'y sont installés partout pour y trafiquer, il paraît étrange que les sangs mêlés n'y soient pas plus nombreux.

A certains endroits on trouve des traces certaines de l'occupation étrangère, mais on les trouve plus facilement dans le langage que dans les traits et les formes des indigènes. A Ibo, et plus particuliérement à Angoche, le langage des noirs diffère beaucoup du vrai makua ; c'est un mélange de makua, d'arabe, de kissouhili, de portugais et de sakalave.

Il faut attribuer ce phénomène à la répugnance qu'éprouve le makua à s'allier avec les races blanches.

La seule partie de la colonie où l'on puisse trouver un élément correspondant au type du mulâtre et du quarteron, c'est sur les rives du Zambèze, mais c'est là aussi que la race cafre domine. Le type du Zoulou se rencontre dans les districts du Sud.

Sur le littoral, les hommes sont en général plus petits et moins forts que ceux de l'intérieur.

Il est très difficile de déterminer d'une façon précise le chiffre de la population de la province de Mozambique, mais on peut la fixer approximativement à 1 million d'habitants.

C'est dans la vallée du Zambèze que la population est la plus dense.

Météorologie. Climat.

De même que sur toute la côte orientale d'Afrique, ce sont les vents périodiques connus sous le nom de *moussons* qui règlent les saisons dans la province de Mozambique.

C'est pendant la mousson du nord-est, commençant vers la fin de novembre pour finir vers la fin de mars, que se produisent les plus fortes chaleurs, excessives parfois dans la partie du nord de la province, mais très supportables au fur et à mesure qu'on descend vers le sud.

La mousson du sud-ouest souffle pendant l'autre partie de l'année ; les pluies périodiques tombent principalement à l'époque du renversement de la mousson du nord, dans les deux premiers mois de celle du sud.

En décembre et janvier, les coups de vent sont parfois très violents, et on a même constaté le passage de cyclones dans le sud du canal de Mozambique.

Le climat, généralement malsain dans le nord, s'améliore à mesure qu'on va vers le sud, et si l'on s'éloigne des côtes pour pénétrer dans l'intérieur des terres, il ne laisse rien à désirer.

Maladies. — C'est surtout pendant la saison des pluies, et immédiatement après que les maladies inhérentes au pays font leur apparition. Cette saison est en effet, dans toutes ces régions, l'époque des sensations les plus pénibles et les plus éloignées des habitudes des Européens.

La maladie la plus commune, endémique sur toute la côte et particulièrement dans les deltas formés par les embouchures des fleuves, est la *fièvre paludéenne* qui dégénère rapidement en *cachexie paludéenne* et conduit à la mort, si le malade ne se soigne pas dès les premières atteintes du mal. La fièvre pernicieuse est assez rare, mais elle est presque toujours mortelle. La dyssenterie légère est assez commune. On constate peu de cas de phthisies et de phlegmasies aiguës des bronches et des tissus pulmonaires. La fièvre typhoïde y est presque inconnue. Les insolations sont fréquentes, mais elles ne présentent pas la même gravité que sous les tropiques de l'autre hémisphère. En revanche, le ténia est commun, surtout dans le sud de la province.

D'après ce qui précède, on voit que cette colonie est loin d'être aussi malsaine qu'on l'a dépeinte : la fièvre jaune, le choléra, la variole, en un mot toutes les maladies graves qui déciment les populations du Sénégal, de l'Amérique centrale, des Indes, y sont absolument inconnues.

Hygiène.

L'Européen qui émigre vers une contrée située sous les tropiques, doit faire en sorte de n'y arriver qu'après la saison des pluies ; il doit y choisir une habitation éloignée des terrains bas et humides et du voisinage du funeste *palétuvier* qui lui prédit d'avance les atteintes de la fièvre paludéenne.

L'habitation doit être autant que possible exposée au nord, bien aérée ; cependant, on doit éviter les courants d'air, la nuit surtout.

Il doit se vêtir de façon que l'action de l'air ne puisse se faire sentir directement à la peau ; faire usage de flanelle ou de tricots de coton ; ne jamais s'exposer au soleil sans avoir la tête couverte d'une coiffure légère mais très épaisse ; autant que possible ne pas sortir au moment des fortes chaleurs, c'est-à-dire entre 11 et 3 heures ; prendre une nourriture substantielle mais peu excitante, en qualité suffisante pour ne pas fatiguer l'estomac et le foie ; s'abstenir à tout prix de boissons alcooliques ; ne boire que de l'eau coupée de bon vin, du café, du thé, et peu entre les repas ; éviter les longues marches et les travaux fatigants qui développent les grandes transpirations ; si une cause quelconque amène ce résultat, il faut se mettre à l'abri des courants d'air et changer de suite de vêtements, la suppression subite de cette transpiration par la fraicheur de l'air étant une des causes premières des fièvres dans les pays chauds.

Telles sont les règles simples et élémentaires auxquelles il est nécessaire de se soumettre si l'on veut jouir d'une santé à peu près parfaite.

Aperçu historique.

Avant l'arrivée à la côte orientale d'Afrique, vers le milieu du VIIIᵉ siècle, des Arabes mahométans, connus sous le nom d'*Emozeïdes*, l'histoire de la province de Mozambique est totalement inconnue ; on croit que *l'Ophir*, si célèbre dans l'antiquité par les richesses qu'on en tirait, était située dans cette contrée. Sous la rubrique « Mines d'or » je reviendrai sur ce sujet pour démontrer que cette croyance n'est pas dénuée de fondement et que tout semble démontrer qu'il en est réellement ainsi.

C'est vers la fin du Xᵐᵉ siècle que *Ali*, fils du sultan Ilbacem, roi de *Schiraz*, ville du *golfe persique*, fonda *Kiloa*. Lui et ses successeurs soumirent à leur domination toute la côte et les iles de l'Afrique orientale depuis *Pemba*, ile située au nord de Zanzibar, jusqu'au-delà de Sofala.

L'établissement politique des Arabes musulmans dans cette dernière ville date du XIIᵐᵉ siècle.

On trouve peu de renseignements précis dans les ouvrages des écrivains arabes sur cette partie de l'Afrique, cela tient à ce qu'il n'existait pas entre cette dernière et l'Arabie un véritable lien de colonie à métropole.

Lorsqu'en 1498 *Vasco de Gama* conquit tous les pays de la côte orientale, c'est à Kiloa qu'il trouva le souverain, appelé *Ibrahim*, qui régnait de Sofala à Pemba.

Dans les premiers temps de la conquête les Portugais ne dépossédèrent pas les chefs arabes de leur autorité ; ils se bornèrent à les rendre tributaires du Roi de Portugal. Cependant, la puissance des Portugais ne s'établit pas sans conteste ni obstacle ; maîtres depuis si longtemps du commerce de ces régions, les Arabes usèrent de tous les moyens pour leur susciter des ennemis et les chasser des marchés où ils avaient régnés sans partage.

Les Portugais furent alors obligés d'occuper militairement les différentes villes de la côte du Mozambique, d'y construire des forts et de nommer un gouverneur pour administrer la côte orientale d'Afrique, sous les ordres du Vice-Roi des Indes avec résidence à Sofala.

Lorsque le vaste empire d'Orient, fondé par les Portugais, vient à tomber sous les coups successifs de la Hollande, de l'Angleterre et de l'Iman de Mascate, il ne leur resta plus sur la côte orientale d'Afrique que la province de Mozambique. A partir de ce moment, c'est-à-dire vers la fin du XVIIme siècle, le commerce semble mort, les mines qui avaient été exploitées pendant un certain temps sont abandonnées et le gouvernement ne paraît occupé qu'à soutenir des luttes contre les chefs des diverses tribus qui avoisinent ses possessions. La métropole, s'inquiétant de cet état de choses qui ruinait le pays, créa les « *Prasos da Coroa* », ou concessions de la couronne, croyant ramener la prospérité avec la colonisation, mais elle fût trompée dans son attente et les résultats obtenus ainsi augmentèrent encore le désastre.

Ce n'est que depuis une vingtaine d'années qu'on est entré dans la voie des réformes et que le gouvernement s'est imposé des sacrifices pour soumettre les tribus rebelles qui formaient la plus grande entrave au commerce et à l'agriculture. Parmi ces tribus la plus redoutable était celle établie dans le Massangano, et dont le Roi, appelé *Bonga*, avait construit au confluent du Luenha et du Zambèze, en aval du Tête, une *Aringa* (forteresse) laquelle commandait le fleuve. De là ce roi noir rançonnait, pillait et égorgeait même les caravanes qui remontaient ou descendaient le Zambèze.

Le 5 septembre dernier, MM. Païva d'Andrade, major d'artillerie, et Manuel Antonio de Souza, « Capitào mor » de Manica, à la tête de forces portugaises et agissant d'après les instructions du gouverneur-général de Mozambique, livrèrent un sanglant combat au Bonga, le mirent en fuite et détruisirent toutes ses forteresses.

Depuis lors le commerce du Zambèze est entièrement libre et il est à espérer que, grâce aux mesures énergiques prises, aucune entrave n'existera plus dans l'avenir.

Gouvernement. — Administration.

Les provinces portugaises d'outre-mer jouissent des droits politiques accordés à la mère patrie. Elles envoient leurs députés aux *Cortès* par élection directe. Elles constituent chacune un gouvernement.

A Mozambique, le gouverneur porte le titre de « gouverneur-général ». Il est nommé par le roi pour un laps de temps de trois années; il est chargé des attributions civiles et militaires, il est assisté d'une *Junte* du gouvernement qui doit être consultée sur toutes affaires graves et spécialement sur celles qui ont trait aux mesures de nature législative ou réglementaire.

Les finances et tout ce qui les concerne sont du ressort d'une « *Junte des finances publiques* » (*Junta da fazenda publica*), elle administre et fiscalise les revenus et les dépenses de la province et on ne peut en appeler de ces décisions que devant le Roi.

La province est divisée en *districts* qui sont gouvernés par des offi-ciers militaires, nommés par le Roi, sous les ordres du gouverneur-général.

Chaque district se divise en municipalités (*Concelhos*) où il y a un administrateur nommé par le gouverneur de la province et une chambre municipale élue par le peuple.

Le *Concelhos*, dont les habitants ne peuvent pas constituer une chambre municipale, faute de personnes aptes d'après la loi aux fonctions, est gouverné par un chef qui réunit les attributions civiles et militaires; ce chef et deux citoyens, nommés annuellement par le gouverneur-général, constituent une commission municipale ayant les attributions des chambres municipales proprement dites.

Le Ministre de la Marine et de Colonies à Lisbonne est assisté d'une « *Junte consultative* » (*Junta consulliva do Ultramar*), laquelle est entendue sur la rédaction et l'interprétation des règlements et décrets concernant l'administration des colonies, sur la proposition de lois à soumettre aux *Cortès* et sur tous les contrats ayant trait à l'exploitation agricole, minière, industrielle ou commerciale des colonies.

Cette Junte a le droit de proposer au gouvernement des mesures d'intérêt général, concernant l'administration des services publics et la prospérité des colonies.

Les colonies portugaises se divisent en deux grandes circonscriptions judiciaires (Décret du 17 novembre 1869) : la circonscription occidentale et la circonscription orientale, ayant chacune un tribunal de seconde instance.

Il y a un juge de première instance à Mozambique, un à Quilimane, un à Inhambane et un à Lorenzo-Marquès, lesquels relèvent de la circonscription de Goa (Indes).

Quant aux forces militaires elles sont représentées, sur mer : par deux corvettes, un aviso, un transport et une chaloupe à vapeur ; sur terre : par cinq bataillons de chasseurs, répartis à Mozambique, à Quilimane, à Inhambane, à Lorenzo-Marquès et à Tète.

Des compagnies de ces bataillons desservent différentes petites villes.

Revenus des douanes de Mozambique.

		1884 Francs	1885 Francs
a.	Droits d'importation	1.307,862.00	1,450,965.00
b.	— d'exportation.	132.340.00	156.146.80
c.	— de magasinage	7,841.03	12,910.04
d.	Recettes diverses.	5,084.00	6,252.00
e.	Droits de transit.		12,575.00
f.	Tonnage	9,494.00	18,118.85
		1,462,341.60	1,656,966.03
g.	Droits additionnels de 1/3.	276,419.00	270,688.50
h.	— — 3 p. c.	59,169.00	38,168.00
i.	— — 1 p. c.	5,588.00	2.385.25
	Totaux	1.781,717.60	1,968,208.40

Taxes provinciales et municipales.

Tout individu désirant s'établir dans la province de Mozambique, est tenu de payer les sommes suivantes :

1º *Droit de résidence.* — La somme à payer de ce chef est insignifiante.

2º *Pour patente de commerçant :* a, 1ʳᵉ classe, 500 francs ; b, 2ᵉ classe, 250 ; c, 3ᵉ classe, 100.

3º Si le commerçant vend des liqueurs alcooliques dans son établissement, soit en gros, soit en détail, une patente additionnelle est exigible.

4º Deux fois par an, ou tous les six mois, des paiements sont faits par les négociants pour certaines taxes appelées: «décimes industriels », « décimes prédials » et « contribution sur les revenus ».

La première de ces taxes, « décimes industriels », de beaucoup la plus élevée, équivaut à peu près, dit-on, à 10 p. c. sur les bénéfices réalisés dans les limites des possessions portugaises à la côte orientale d'Afrique.

Le « décime prédial » est une taxe de 10 p. c. pesant sur le revenu de tout immeuble.

La « contribution sur les revenus » des maisons perçue partie sur le propriétaire de l'immeuble, partie sur l'occupant, est de 6 p. c. sur le revenu de la propriété.

DEUXIÈME PARTIE

Produits commerciaux du sol de la province de Mozambique.

1º *Règne végétal :*

Plantes textiles. — Plusieurs d'entre elles pourraient faire l'objet d'un commerce très important.

La principale est le **coton** (*gossypium arborescens*) qui fournit une fibre courte et résistante d'une grande blancheur. Elle croit à l'état sauvage dans toute la vallée du Zambèze.

Une autre plante du genre *Bombax* produit une espèce de duvet blanc, mais à brin court et peu tenace.

Dans le district de Lorenzo-Marqués on trouve une plante fibreuse, l'*Incachule*, dont les fils sont assez résistants pour le tissage et pour la confection des appareils de pêche.

Les indigènes emploient comme matière textile dans la fabrication de certaines étoffes, les fibres de différentes espèces d'*agaves*, de *palmiers* et de *cocotiers*.

Plantes oléagineuses. — La province de Mozambique produit en abondance des *arachides* et des *graines de sésame;* la côte dans toute sa longueur et toutes les îles sont couvertes de *cocotiers.*

Plantes alimentaires. — Le *maïs*, le *riz*, le *sorgho*, le *manioc*, l'*igname* et la *patate douce*, qui forment la base de la nourriture des noirs, y croissent en grandes quantités et avec vigueur. Il en est de même de la *canne à sucre.*

On a fait, aux environs de Téte, des essais de culture de *froment* qui ont parfaitement réussi.

Tous les légumes d'Europe qu'on y a importés, viennent admirablement bien.

Le *caféier* croît spontanément, surtout aux environs d'Inhambane, et fournit un café qui peut rivaliser avec celui de *Moka*, avec lequel il a une grande ressemblance.

Tous les arbres fruitiers des tropiques y poussent à profusion et la culture de la *vigne*, introduite à Quilimane, a parfaitement réussi.

Plantes médicinales. — Parmi les plantes de ce genre, on peut citer : le *tamarin*, le *séné*, le *kino*, le *sangdragou*, une espèce de *croton*, l'*argémone*, le *colombo* dont on fait un commerce important, la *mauve*, la *guimauve*, le *boabad* dont les indigènes fabriquent avec le fruit une boisson agréable, astringente et *fébrifuge*, etc.

Plantes tinctoriales. — L'*indigo* pousse partout et en abondance, mais n'est pas exploité.

Les nègres cultivent le *curcuma* dont ils emploient la matière colorante.

On trouve aussi la *rose trémière*, le *nerprun* des teinturiers, l'*orseille* qui est l'objet d'un commerce assez important, etc.

Bois. — Il existe dans les forêts de cette province d'excellents bois de construction et d'ébénisterie, entre autres : le *Dalbergio Sissoo* qui fournit un bois d'ébène aussi beau que le véritable, le *plaqueminier*, le *bois de fer*, le *cèdre*, le *santal*, etc.

L'exploitation du *caoutchouc* avait pris, il y a quelques années, un développement rapide et extraordinaire, mais ce développement a subi un temps d'arrêt qui est dû à la mauvaise méthode employée pour la récolte de ce produit, et au manque de voies de communication.

Il existe diverses variétés d'euphorbes dont les plus importantes sont : l'*Eupgorbia antiquorum* et l'*Euphorbia officinarum* dont le suc contient une assez grande quantité de gomme.

Le *tabac* est cultivé par les nègres, mais il n'est pas encore un article d'exportation ; il est de qualité très supérieure.

Inhambane fournit en abondance une espèce de suif végétal appelé *Mafurra* ; c'est un article d'exportation.

L'*ambre* y est fort abondant.

2° *Produits du règne animal :*

Parmi les produits de cette classe, il faut citer en première ligne l'*ivoire*, les *cornes de rhinocéros*, dont le commerce est entièrement entre les mains des Indous, les *peaux sèches*, la *cire*, les *cauris* et les *écailles de tortue*.

3° *Produit du règne minéral :*

La province de Mozambique est extrêmement riche en mines d'*or*, d'*argent*, de *fer magnétique*, de *charbon*, de *cuivre*.

Toutes ces mines sont actuellement inexploitées, faute de capitaux et de voies de communication.

Mines de charbon. — Le gisement houiller le plus important est celui qui s'étend sur les deux rives du Zambèze, et dont la ville de Tête semble être le centre.

Le charbon se montre en affleurement dans la vallée de *Morongosi*, tributaire du *Revugué*, affluent du Zambèze.

On aperçoit sur le flanc de la colline, élevée et coupée à pic sur la rive droite, plusieurs couches horizontales dont l'épaisseur est considérable et dont l'exploitation pourrait se faire à peu de frais. On y voit encore l'ouverture d'un petit tunnel fait, dit-on, sous la direction de Livingstone.

Malheureusement ce commencement d'exploitation n'a pas été poussé assez loin des affleurements, et il n'est pas possible de connaitre la véritable richesse du combustible.

Le charbon qu'on en a extrait et dont on a fait des essais, a donné de 14 à 16 p. c. de cendres.

Il est plus que probable que plus on s'éloigne des affleurements, plus la valeur du combustible doit être grande.

L'âge de ces couches de houille parait être le même que celui des gisements du Midi de la France.

Le bassin doit s'étendre depuis Zumbo, au nord-ouest, Lupata, au sud et jusqu'aux lacs Nyassa et Tanganika au nord-est.

L'exploitation de cette mine permettrait, je crois, de lutter avantageusement avec les charbons anglais sur les marchés de l'Océan Indien, si l'on parvenait à établir des communications avec la côte meilleures que celles qui existent actuellement.

Mines d'or. — Le pays de l'Afrique orientale le plus anciennement connu est le *Monomotapa*, nom qui signifie *endroit d'où l'on retire les choses de prix*. Il est situé au sud-ouest du Zambèze, découvert en 1498 par Vasco de Gama, entre les 16° et 19° degrés de latitude et les 30° et 35° de longitude est.

D'après les historiens, l'or y était extrait en quantités considérables, principalement dans le royaume de *Torvan*, où l'on retrouve des ruines, entre autre un édifice très remarquable, construit avec des pierres fort bien taillées, de très grandes dimensions, sur la porte duquel est une inscription que certains savants maures n'ont pu lire, ni même deviner à quelle écriture elle appartenait. Ces ruines, d'après la tradition, sont celles du palais de la *Reine de Saba*.

MM. Mauch, G. A. Farini, C. Anderson et le R. J. Mackenzie, qui les ont visitées, en ont donné des descriptions très détaillées et tous s'accordent à dire qu'il est impossible que ces constructions aient été faites par des naturels du pays qui sont toujours restés dans le même état de barbarie, telles que les écrivains anciens les ont décrits; d'un autre côté elles ne ressemblent nullement à celles élevées par les

Arabes et les Portugais et qu'on trouve sur le territoire du sultanat de Zanzibar et de toute la province de Mozambique.

Quel a été l'origine et le but de la création de ces monuments et de ces établissements?

Étaient-ils le centre d'un gouvernement établi par une race de conquérants sur une terre qu'ils avaient soumise, ou bien étaient-ils simplement des points où le commerce centralisait les richesses du pays?

Que sont devenus ces peuples disparus sans laisser d'autres traces?

Telles sont les questions qu'on se pose; mais aucun document géographique, historique ou commercial n'existe qui puisse faire la lumière sur ces points.

Plusieurs savants ont cherché où était situé ce fameux pays de l'Ophir d'où Salomon tirait son or en si grande abondance; les uns l'ont placé dans l'Afrique orientale, d'autres dans l'Himalaya, dans l'Arabie heureuse, à Ceylan, sur la côte de Malabar.

On ne peut nier que plusieurs auteurs anciens parlent de l'Arabie comme étant énormément riche en or, mais nulle part on ne mentionne les noms et l'emplacement des mines dans ce pays, et les recherches modernes nous ont seulement appris la remarquable pauvreté de l'Arabie en métaux précieux.

Il est probable que les assertions des écrivains anciens sur la richesse aurifère de cette contrée se basaient sur ce que d'énormes quantités y étaient transportées par des navires arabes venant de la côte orientale d'Afrique qui leur était particulièrement accessible.

Leurs navigateurs connaissaient de tout temps la régularité des *Moussons* et leurs navires, dont la forme n'a pas changé depuis 2000 ans, étaient construits pour marcher vent arrière, comme si les eaux de l'Afrique orientale étaient leur domaine naturel. Ils allaient y chercher du *riz*, de *l'ivoire*, de *l'ébène*, de *l'or*, et surtout *des esclaves*.

Les Indes, Ceylan et la côte de Malabar ont été explorés dans tous les sens par les voyageurs modernes, et il a été reconnu que ces pays ne donnaient l'or qu'en quantité simplement suffisante pour les nécessités de leur commerce.

Quand nous passons dans le nord de l'*Éthiopie*, c'est-à-dire dans les royaumes d'*Abyssinie*, de *Choa*, dans le pays des *Somalis* et des *Gallas* on ne trouve aucune trace de mines d'or anciennes ou nouvelles.

Les Arabes qui depuis les temps les plus reculés font le commerce avec ces pays, ne font pas mention de ce métal dans leurs articles d'échange.

Si donc il est établi que les anciens ne pouvaient tirer tout leur or des pays dont l'histoire nous est connue, nous sommes bien forcés d'admettre que ce métal provenait de pays inconnus. Quels étaient ces pays? C'est ce que nous allons chercher à démontrer en nous servant, comme d'autres l'ont déjà fait, des récits de l'antiquité.

Environ mille ans avant J.-C., sous le règne de Salomon, il se passa un fait chez les Hébreux qui se trouve raconté de la façon suivante au chapitre IX du troisième « Livre des Rois : »

« Le Roi Salomon fit aussitôt construire une flotte à Ascongaber,
» qui est près de Eloth, sur le rivage de la Mer Rouge, au pays
» d'Edom ; et Hiram, Roi de Tyr, envoya ses serviteurs, gens de mer,
» et qui entendaient la marine pour être avec les serviteurs de Salo-
» mon dans cette flotte; ils vinrent à *Ophir* et ils prirent de là quatre
» cent vingt talents d'or qu'ils apportèrent au Roi Salomon. »

Plus loin nous extrayons ce passage :

« Et le Roi avait sur la mer la flotte de *Tharcis* avec la flotte appar-
» tenant à Hiram. Et une fois tous les trois ans les navires de Tharcis
» venaient qui apportaient de l'*or*, de l'*argent*, de l'*ivoire*, des *singes*
» et des *paons*. »

Donc, suivant l'auteur du « Livre des Rois », il fallait trois années pour faire le voyage de l'Ophir en comprenant l'aller et le retour. Si l'Ophir avait été aux Indes, à Ceylan, aux côtes de Malabar, il est évident qu'il n'eut pas fallu un aussi grand laps de temps pour accomplir l'un de ces voyages; si l'Ophir avait été dans l'Arabie heureuse, il est plus que probable qu'on eût préféré la voie de terre à celle de mer pour faire le voyage, étant donné les dangers qu'offrait et qu'offre encore le *golfe arabique* (mer rouge) à la navigation.

D'un autre côté les navires de Tarcis, outre l'or, apportaient de l'argent, de l'ivoire, des singes et des paons ; or, si l'Ophir avait été dans les pays indiqués plus haut, on verrait figurer dans les cargaisons, outre les produits ci-dessus, ceux propres à ces contrées; mais déjà parmi ceux cités, l'ivoire n'est pas un produit de ces pays et nous savons que l'Ophir en produisait en grande quantité.

Agatarchides, qui vivait 120 ans avant J.-C. et qui avait comme président de la Bibliothèque d'Alexandrie les meilleures sources d'information, fait le récit détaillé de l'exploitation d'une mine d'or, faite par ordre du roi d'Égypte sur les *côtes de la Mer Rouge*, sans indication de lieu et sans parler de la richesse de la mine.

Cosmas nous fait connaitre que le roi *Axumites* échangeait à la côte orientale d'Afrique de l'or contre du sel, du fer et du bétail. L'or provenait d'*une nation de l'intérieur de l'Éthiopie*.

Or, l'Ethiopie de cette époque occupait une latitude considérable et ses limites sud ont été fixées, par le géographe *Marinus*, sous le tropique du Capricorne et par *Ptolémée*, au 15°30' sud ; soit la latitude de Mozambique.

La côte orientale d'Afrique était donc connue des anciens et ce qui le confirme encore, ce sont : d'abord les récits de certains voyages entrepris par des Phéniciens et des Tyriens racontés par Hérodote et Marinus, et surtout l'histoire du *Periple de la mer Erythrée* ou Océan Indien des cartes modernes.

Tout porte donc à croire que l'Ophir était situé en Afrique et sur l'emplacement du district actuel de Manica, ancien royaume de Sofala. Le nom de Sofala lui-même ne provient-il pas de *Sophira*, qui est la traduction qu'ont faite du mot Ophir les interprètes grecs de la Bible ?

Quoiqu'il en soit, que la province de Mozambique ait été connue dès la plus haute antiquité, qu'elle soit ou non l'Ophir de la Bible, il n'en est pas moins vrai que la découverte des richesses aurifères de ce pays est un fait qui ne peut plus être mis en doute. Les récits des voyageurs célèbres tels que Livingstone, Baines, Selous, Ch. Mauch Capello, A. de Castilho, Païva d'Andrade, etc., etc., sont là pour l'affirmer.

En décrivant les mines d'or et de charbon qui existent au sud du Zambèze, Livingstone dit :

« Puis vient le royaume maintenant inconnu de *Abutua*, célèbre à
» une époque par ses riches mines d'or... Au sud-est de ce pays, se
» trouvent les lavages d'or de *Mashona* ou *Mashwa*, et plus à l'est,
» ceux de *Manica* où l'or est en bien plus grande abondance que dans
» toute autre partie de ces contrées... J'ai vu de l'or qui en provenait
» aussi gros que des grains de blé, tandis que celui trouvé dans les

» rivières qui parcourent les terres où existent des mines de charbon
» était en très petits grains... Manica se trouve à trois journées au
» nord-ouest de Gorongozo, c'est le plus riche pays aurifère connu
» de toute l'Afrique orientale. »

Baines, dans son ouvrage *Régions aurifères du sud-est de l'Afrique*,
déclare : que le pays le plus riche en or se trouve situé sur les pentes
nord-ouest et sud-est des montagnes qui séparent les rivières qui vont
se jeter dans le Zambèze d'avec celles qui vont à la mer entre les
bouches de ce fleuve et la rivière Sabi.

Le voyageur anglais Selous, qui plus que tout autre a parcouru
cette partie de l'Afrique, mentionne cette région du Zambèze comme
étant excessivement riche en or et jouissant d'un climat exceptionnel.

« La meilleure partie du Transvaal, dit-il, ne peut lui être com-
parée. Elle est splendidement arrosée par de nombreuses rivières ;
la sécheresse et la famine y sont inconnues. »

Le capitaine Elton, qui a voyagé dans le Transvaal et le pays de
Gazza (au sud de Zambèze), écrivit en 1875, dans un rapport officiel
sur le commerce de Mozambique :

« Les plus riches mines d'or sont, sans aucun doute, connues comme existant à 120 milles de la côte, dans le pays du roi *Umzeila*,
pays des Gazzas. »

M. O'Niel, consul d'Angleterre à Mozambique depuis six ans, et
qui connait parfaitement la province, déclare dans une note envoyée
au *Journal de la Société géographique* de Manchester, que toutes les
rivières prenant leur source au pied de ces montagnes contiennent et
charrient de l'or.

Enfin, il y a très peu de temps, dans le courant de cette année (1887),
l'on a découvert de l'or dans les sables de l'embouchure du Zambèze
en quantité suffisante pour être exploité et une compagnie se forme
dans ce but.

Il résulte de ce qui précède que la province de Mozambique est
extrêmement riche en mines aurifères et que l'activité européenne
trouverait là un champ, pour le moins aussi vaste que celui de la
Californie, pour y créer de toutes pièces des établissements qui
feraient en très peu de temps de ce pays, jusqu'à présent délaissé, une
contrée riche et prospère.

Que l'on se souvienne de ce qu'était la Californie en 1848, avant la

découverte de l'or. C'était pour ainsi dire un pays inconnu ; quelques
rares Européens, quelques métis, quelques sauvages formaient toute
sa population. Aujourd'hui, la fièvre de l'or est passée, mais elle est
remplacée par une activité commerciale, industrielle et agricole bien
ordonnée, bien réglée, de nombreuses et grandes villes sont sorties de
terre comme par enchantement. San-Francisco, qui en 1848 ne comp-
tait que quelques cabanes, a maintenant une population de plus de
300,000 âmes ; son commerce rayonne partout.

Pourquoi n'en serait-il pas de même du Mozambique, qui possède
autant de richesses aurifères et un sol bien autrement fertile que celui
de la Californie ?

J'ai cru utile de donner en annexe une traduction *in-extenso* de la
loi du 4 décembre 1869 sur l'exploitation des mines en Portugal et les
concessions de terres dans ses colonies (1).

Perles — Avant de terminer ce chapitre des produits naturels de
la province de Mozambique, je dois mentionner l'existence sur les
côtes de bancs d'huîtres perlières dont le plus important est situé au
sud de *Chiloane*, dans l'archipel de *Bazaruto*. La plus grande partie
de ce banc est dans des eaux fermées et, comme il n'a jamais été
régulièrement exploité, les perles qu'on y trouverait atteindraient
certainement de grandes dimensions.

A Mozambique et à Ibo, on rencontre aussi des bancs semblables,
mais moins importants. Dans cette dernière localité, les nègres qui se
livrent à la pêche aux huîtres trouvent souvent des perles noires de
toute beauté ; mais leur valeur est absolument détruite par la méthode
employée pour les extraire des écailles, laquelle consiste à placer
l'huître dans le feu pour l'ouvrir.

L'exploitation des huîtres perlières, jusqu'à présent, n'est soumise
à aucune loi.

Agriculture. — Concessions de terres.

Grâce à la situation géographique de la province de Mozambique,
aux nombreux cours d'eau qui entretiennent une constante humidité
dans le sol, toutes les cultures des tropiques et des zones tempérées

(1) Voir page 48.

peuvent y être faites avec succès; malheureusement, jusqu'à présent, on a peu ou pas profité des ressources agricoles immenses qu'offre cette riche partie de l'Afrique orientale.

Au commencement du siècle dernier, le gouvernement portugais voulant attirer ses nationaux pour coloniser ce beau pays, eut l'idée originale de diviser la contrée située sur les deux rives du Zambèze, entre Sena et Sofala, et une certaine partie du district minier, en lots qui furent offerts aux femmes portugaises pour une période de trois existences, les mâles étant exclus de la succession, à la condition quelles épouseraient des Européens d'extraction portugaise, et que les conjoints habiteraient leurs propriétés.

L'histoire de ces « *Prasos da Coroa* », ou concessions de la couronne, a prouvé que cette mesure a été non seulement insuffisante, mais dangereuse, et qu'elle n'a nullement atteint le but que l'on poursuivait.

En l'absence de propriétaires légitimes que le gouvernement espérait créer par ce moyen, des gouverneurs généraux donnèrent une plus large extension à l'édit original, et les lots tombèrent entre les mains de « Filhas de Africanos », ou filles ayant un peu de sang africain ; et, dans beaucoup de cas, un certain nombre de ces concessions se trouvèrent réunies dans une seule main, et leurs propriétaires devinrent possesseurs de petites principautés, sur lesquelles les femmes, ou plutôt leurs maris, exercèrent une juridiction suprême.

Plusieurs d'entre eux eurent de petites armées d'esclaves et de « Colonos », natifs libres, avec lesquelles ils guerroyèrent les uns contre les autres, s'opposèrent aux autorités supérieures, levèrent des impôts sur ceux qui passaient ou s'établissaient sur leurs territoires.

D'autres cependant rendirent de grands services aux autorités portugaises; au commencement de ce siècle, un nommé Quito, à la tête de 17,000 natifs, infligea une défaite complète à un certain nombre de chefs révoltés.

Il n'y a pas vingt-cinq ans, le district situé entre les rivières de Likugo et Antoni, fut soumis aux Portugais par un nommé João. B. de Silva ; Manuel de Souza délivra les malheureux habitants de Sena des Zoulous de Umzéla, qui depuis de longues années prélevaient un tribut sûr eux.

Les abus de ce système, qu'on peut appeler féodal, durèrent jusqu'en 1854, époque où parut une loi supprimant les concessions de la couronne, et enlevant ces dernières à ceux qui en possédaient encore. L'abolition de l'esclavage (loi du 14 décembre 1854) leur donna le coup de grâce.

A partir de ce moment les « Prasos » furent affermés, mais les fermiers soumirent les noirs à tant d'exactions et de cruautés, que le gouvernement se vit obligé de retirer ses fermages, et plaça à la tête des « Prasos », des fonctionnaires chargés de prélever les impôts et de diriger les cultures.

La loi du 21 août 1856 autorise dans les colonies portugaises l'aliénation des terres appartenant à l'État, par contrat de vente ou bail emphytéotique. Le prix de vente doit être versé comme suit : un cinquième dans les trente jours à compter de la date du contrat et les quatre autres cinquièmes dans un délai de dix années, mais chargés de l'intérêt à 2 p. c. sur la somme à découvert.

L'acheteur peut payer de suite le prix du terrain ou devancer le payement des annuités en liquidant et en payant l'intérêt de 2 p. c. jusqu'au jour de la clôture de la transaction.

La durée de l'emphytéose est de quatorze années. Un décret du 4 décembre 1861 a fixé à 10 réis (fr. 0.055), par hectare et par an, le taux de location des terrains.

La loi accorde l'exemption des droits de douane pendant cinq années aux machines, outils et matériaux destinés à l'exploitation des terrains ainsi achetés ou loués ; elle accorde aussi l'exemption des contributions directes pendant dix ans aux produits récoltés sur les terres défrichées, pendant vingt ans à ceux des terrains conquis sur l'océan ou les fleuves.

Enfin, le gouvernement accorde un rabais de 50 p. c. sur les droits d'entrée des produits de la colonie dans la mère patrie. Ce privilège n'est pas un des moins importants.

Les étrangers peuvent acquérir les terres aux mêmes conditions que les Portugais.

Il est bon d'ajouter qu'à côté de ces avantages, il y a deux aléas : le peu de sécurité qui, je me hâte de le dire, n'est pas générale, et le manque de bras par suite de l'abolition de l'esclavage. Cependant, je suis persuadé que des colons européens qui s'établiraient dans la vallée du Zambèze, dans les districts de Quilimane, de Manica, de Sofala, y feraient rapidement fortune.

Depuis peu d'années, M. Païva Reposo a entrepris aux environs de Maupea, à l'extrémité du Qua-Qua, une culture d'opium ; les résultats obtenus lui ont permis de constituer une grande société qui, non seulement va donner une extension considérable à la culture du *Papaver somniferum*, mais y joindra celles de la canne à sucre, du caoutchouc, du café, de l'indigo, etc.

Des fabriques de sucre de canne et des distilleries de rhum ont été créées aux environs de Quilimane et y font de très bonnes affaires.

On commence à faire des essais de culture de thé et de café près d'Inhambane, essais qui ont réussi.

Le gouverneur général actuel a fait venir du Péra des plants de hévé (caoutchouc) qu'il se propose de planter dans le delta du Zambèze ; il n'est pas permis de douter de la réussite de cet essai.

La culture du tabac n'a pas encore été tentée par des Européens, quoique sur différents points du district de Manica, à Chibabado sur le Busi, à Sofala, les nègres cultivent cette plante dont la qualité est comparable, dit-on, à celle du meilleur Havane et est très renommée dans le pays. Je suis persuadé que, faite en grand, cette culture donnerait d'excellents résultats.

Aux environs de Blanthyre, au sud du lac Nyassa, les missions anglaises se livrent à la culture du café, et la première récolte leur a donné une dizaine de tonnes d'un produit supérieur.

Le blé des environs de Téte est excellent et donne un assez fort rendement.

Poids et mesures. — Monnaies.

L'adoption du système métrique a été décrétée dans toute l'étendue du royaume de Portugal au mois de décembre 1852.

Les mesures linéaires sont devenues obligatoires à partir du 1er janvier 1860 ; les mesures de pesanteur à partir du 1er juillet 1861 ; les mesures de superficie ont été déclarées seules légales en 1862 et celles de capacité en 1863.

Seul, le système monétaire n'a pas varié. On compte par « réis », mais plus généralement par « mille réis », qu'on écrit « milréis » et qu'on désigne par le signe $.

Les millions de réis s'appellent « contos ».

Dans les écritures, on sépare les contos des nombres suivants par deux points, un point ou une virgule.

Le signe $ se place entre les mille et les centaines de réis. On écrira donc :

$$44 : 188 \ S \ 712.$$

Un franc vaut 180 réis et la roupie des Indes 380 réis.

Douanes. — Taxes. — Frais de ports.

Les tableaux ci-après indiquent le tarif des douanes appliqué tant à l'importation qu'à l'exportation dans toute la province de Mozambique, sauf dans le district du cap Delgado.

Pour ce qui concerne ce district, le gouvernement de la province s'étant aperçu depuis longtemps que le tarif douanier de Zanzibar attirait dans les ports du Zanguebar le commerce du Nyassa et une partie de celui de Mozambique, n'a rien trouvé de mieux pour contrebalancer cet état de choses et ramener le commerce dans le port d'Ibo, que d'appliquer un tarif à peu près semblable à celui du sultanat de Zanzibar dans tout le district du cap Delgado.

Par suite de fraudes commises non seulement au préjudice de la douane, mais aussi des négociants honnêtes, le droit de transit avait été suspendu pour les marchandises en destination de l'intérieur par le port de Quilimane, et le tarif des droits à l'importation leur est actuellement appliqué.

Sur la proposition de S. E. le gouverneur général, cette suspension va, parait-il, être rapportée.

Droits de douanes.

Droits sur les importations.

N°ˢ	DÉSIGNATION DES ARTICLES.	Droits.
1.	Sucre en quelque état que ce soit	30 reis par kilog.
2.	Huile d'olive.	20 — par litre.
3.	Boissons distillées, dulcifiées ou non, en un état quelconque, de toutes qualités, et dans n'importe quel récipient.	90 — —
4.	Boissons fermentées, de toutes qualités, le vin excepté, en un état quelconque, et dans n'importe quel récipient.	20 — —
5.	Vin en tonneaux, bouteilles ou damejeannes	40 — —
6.	Thé	150 — par kilog.
7.	Verroterie de toute espèce	50 — —
8.	Embarcations neuves ou en état de naviger qui passeront sous le pavillon portugais	5 p. c. *ad valorem.*
9.	Embarcations jugées incapables de naviguer et pour être démolies, qui seront vendues par lots, excepté les vivres	4 — —
10.	Embarcations jugées incapables de naviguer qui seront reconstruites et prendront le pavillon national	3 — —
11.	Pioches n'ayant pas d'application dans l'agriculture, appelées cafreacs, landinas ou pioches de Béja.	60 reis par unité.
12.	Fusils, canons de fusils, revolvers	1,500 — —
13.	Beurre d'Europe ou des Indes.	80 — par kilog.
14.	Mélasses	90 — par litre.
15.	Métaux travaillés, y compris le plomb de munition et les tubes qui ne sont pas en fer, et excepté les marchandises spécifiées aux articles 11, 12 et 16	6 p. c. *ad valorem.*
16.	Métaux à l'état brut, le fer excepté	3 reis par kilog.
17.	Pistolets et canons de pistolets	500 — par unité.
18.	Poudre.	100 — par kilog.
19.	Tabac non manipulé	200 — —
20.	Tabac en cigares	600 — —
21.	Tabac manipulé sous toute autre forme.	400 — —
22.	Tissus de coton écru blanc, serrés, lissés, piqués ou tressés, y compris les mouchoirs	90 — —

Nᵒˢ	DÉSIGNATION DES ARTICLES.	Droits.
23.	Tissus de coton, serrés, lissés, piqués, imprimés ou teints, en pièces ou en fils, y compris les mouchoirs.	160 reis par kilog.
24.	Tissus de coton à jour ou transparents, comme mousseline, les dentelles, les tulles; poileux comme la flanelle et les couvertures ; veloutés, peluchés, matelassés ; autres tissus non désignés dans les précédents articles, et ouvrages des mêmes tissus	10 p. c. *ad valorem.*
25.	Tissus laine, lin, soie ou de quelque autre fil dans lequel il entre du coton, quelque soit le fil qui y domine, et ouvrage des mêmes tissus . .	10 — —
26.	Toutes les marchandises autres, non spécifiées dans le présent tarif	Libres.

Droits sur les exportations.

Nᵒˢ	DÉSIGNATION DES ARTICLES.	Droits.	
1.	Arachides	1 p. c. *ad valorem.*	
2.	Sésame	—	—
3.	Copra	—	—
4.	Cocos	—	—
5.	Noyaux de caju	—	—
6.	Catrapateira	—	—
7.	Cire vierge	4 —	—
8.	Ivoire	6 —	—
9.	Caoutchouc	4 —	—
10.	Cauris	4 —	—
11.	Gomme	2 —	—
12.	Peaux et cuirs	2 —	—
13.	Orseille	1 —	—
14.	Toutes les marchandises non spécifiées dans le présent tarif sont libres.		

Droits supplémentaires ou additionnels.

En outre les droits d'importation et d'exportation mentionnés plus haut, il en existe d'autres sous différentes rubriques, ce sont :

a. Un droit additionnel de 3 p. c. sur les marchandises importées.

b.   —   de 1 p. c.   —   exportées.

c.   —   de 1/3   —   importées.

d.   —   de 20 p. c.   — importées en transit pour le Transvaal.

e.   —   de 3 p. c.   — exportées en transit du Transvaal.

f. Un droit de magasinage.

g.   —   de tonnage.

    1° 130 reis par tonne nette pour voiliers ;

    2° 50   —   —   — steamers ;

    3° 25   —   —   — steamers portant la malle.

h. Un droit de pilotage :

    1° 50,000 reis pour vapeurs, au maximum ;

    2° 20,000   —   voiliers.   —

i. Visite du capitaine du port, 2 livres sterling, soit 50 francs.

Tarif des frais prélevés dans les bureaux des douanes de la province de Mozambique.

N° 1. Pour la décharge de tout navire de commerce, depuis l'arrivée à bord jusqu'à la sortie des officiers de la douane, non compris les articles suivants (note *A*) . . . . 1,200 reis.

2. Caution . . . . 200 —

3. Pour annuler un acte . . . . 100 —

4. Paye journalière de chaque officier de la douane, à bord d'un navire échoué sur la barre (note *B*) . . . . 1,000 —

5. Paye journalière de chaque officier de la douane, à bord d'un navire échoué sur la côte (note *C*) . . . . 2,000 —

6. Frais journaliers de chaque officier de la douane à bord d'un navire échoué sur la barre (note *B*) . . . . 300 —

7. Frais journaliers de chaque officier de la douane à bord d'un navire échoué sur la côte (note *C*) . . . . 600 —

8. Inspection, ou tout autre service, en dehors des heures ordinaires de la douane, c'est-à-dire avant 9 heures du matin ou après 5 heures de l'après-midi, ou pendant les jours de fête, lorsque les parties intéressées en feront la demande, et pourvu que ce service soit fait en dehors de la douane ou des magasins de la douane (note *B*) . . . . 1,000 —

9. Recherche de tout document dans les livres de la douane, ou dans d'autres archives, si la date en est antérieure d'une année à celle du document et pourvu que le mois ne soit pas spécifié. . . . . 500 —

10. Certificat extrait de tout livre clos au-delà de deux pages . . .   500 reis.

11. Certificat de tout livre fermé, pour chaque page examinée au-
delà de la deuxième . . . .   100 —

12. Copies certifiées de toute délivrance de billets, passes, ou de
tout autre document; par chaque document . . . .   200 —

13. Copies certifiées de tout document écrit en langue étrangère . .   400 —

14. Frais à payer à la caisse des gardes de la douane par tout
navire ayant un garde qui accompagne les marchandises qui
doivent être réexportées ou transitées, pourvu que ces marchandises soient soumises à un droit (note C) . . . . . .   250 —

15. Garde de la douane à bord d'un navire; par jour . . . . .   400 —

16. Inspection faite à bord d'un navire dans le but de s'assurer
de son incapacité de naviguer, d'après le décret du 11 août 1852.   4,569 —

17. Frais à prélever pour la procédure faite en cas de saisie, ou
d'infractions aux règlements fiscaux, ou de vente aux enchères.
Ces frais sont les mêmes que ceux mentionnés dans la cédule
des frais du tribunal qui siège dans la province, autant qu'ils
peuvent être appliqués. Dans ce but, le directeur de la
douane est mis sur le même pied que le juge; le notaire de
la douane comme l'officier judiciaire du même titre; le crieur
public et les gardes de la douane qui ont servi les avis légaux,
comme les officiers judiciaires du même titre; mais le montant
total sera placé dans les caisses, soit des employés intérieurs,
soit dans celles des employés extérieurs, suivant le cas.

NOTES.

A. Aucun frais ne sera prélevé sur les navires ne faisant pas de commerce.

B. Ces articles ne forment pas partie des revenus provenant de frais, lesquels sont
placés dans la caisse particulière à cet effet, mais sont reçus en totalité par les
employés qui font ce service.

C. Ces articles font partie des revenus qui sont mis dans la caisse des gardes de
chaque douane respective, et sont seulement reçus à cause du séjour des employés
à bord des navires dans les cas suivants :

1° Après que dix jours se seront écoulés depuis la date de l'arrivée du navire ;

2° Lorsqu'un garde de la douane sera mis à bord d'un navire en quarantaine ;

3° Lorsque demande en sera faite par des parties intéressées, pour des marchandises gardées à bord, après que le navire aura été déchargé ;

4° Lorsqu'un navire, ayant tout ou partie de son chargement, est en réparation ;

5° Toutes les fois qu'une demande sera faite d'opérer le déchargement et le chargement en même temps ;

6° Toutes les fois qu'un navire charge, décharge ou transborde, ou est mis en fran-
chise, c'est-à-dire que permission lui est accordée de retenir à son bord tout ou

partie de son chargement pour d'autres ports en dehors du lieu ordinaire de mouillage où les navires, sous le contrôle de la douane, ont l'habitude de jeter l'ancre. S'il n'y a pas un nombre suffisant de gardes, demande doit être faite à l'autorité militaire d'un certain nombre de soldats qui, en plus de leur paye, recevront un salaire de 200 reis par jour, lesquels devront être payés au Trésor, pourvu que ce ne soit pas dans l'un des cas mentionnés aux six articles précédents, et en dehors de la caisse des gardes de la douane, si c'était le contraire ; mais la différence entre les 200 et les 400 reis payés par le navire, sera placée dans ladite caisse.

Tableau des tares à retirer du poids brut des marchandises soumises aux droits spécifiques.

MARCHANDISES ET NATURE DES COLIS.	Tares
Sucre en barils, tonneaux et caisses	10 p. c.
— en paniers ou en nattes.	6 —
— en sacs	2 —
Thé en boîte simple	50 —
— en double boîte.	40 —
— enfermé dans une caisse.	2 — en plus
Liquide (1). Mélasse	10 —
— non spécifié.	18 —
Beurre en barils ou en boîtes.	20 p. c.
— en jarres ou en cruches.	50 —
Tissus en balles avec cercles.	5 —
— — sans cercles.	2 —
Toute autre marchandise non pesée. Barils, nattes, grands paniers, paniers, petits barils, boîte d'étain, petits paniers, paniers ronds, paniers (cabazes) et caisses à clair-voie	6 —
Colis qui ne sont pas encaissés ou couverts avec de la toile goudronnée, en outre de leur tare respective, un supplément de tare de	2 —
Vases en terre	25 —
Bouteilles en verre	10 —

(1) Les liquides sont mentionnés dans les tares, quoique ces articles ne paient pas de droits d'après leur poids, mais parce que c'est par le pesage que l'on peut obtenir une estimation plus correcte de la quantité de liquide contenu dans les différents récipients, et dans ce but la règle suivante doit être adoptée : Que le récipient soit pesé, en déduire sa tare, le restant en kilogrammes doit être divisé par le nombre de grammes correspondant à un litre de vin, d'eau-de-vie, ou de tout autre liquide, suivant le cas, et le quotient donnera la quantité de litres contenu dans chaque récipient. Pour que le poids convenable du litre soit connu, il doit y avoir une mesure de jauge dûment faite, ayant la tare allouée marquée dessus.

Commerce.

Lorsqu'on examine les tableaux statistiques ci-joints (1) des importations et exportations de la province de Mozambique, on constate que le chiffre général des affaires, qui en 1884 a été de 15,250,000 francs, s'est élevé à 16,360,000 francs en 1885.

Les importations en 1884 ont dépassé de 1,200,000 francs, celles de 1885 ; cela provient de ce qu'à cette époque on a introduit une quantité plus considérable de marchandises qu'on ne pouvait écouler ; en effet, comme les transactions se font en nature et peu en espèces, il en résulte nécessairement que le chiffre des importations doit être sensiblement égal à celui des exportations ; c'est ce que d'ailleurs nous voyons se produire pour l'année 1885.

Si maintenant nous passons à l'examen détaillé des tableaux d'importations, nous voyons que l'article le plus important du commerce de cette colonie portugaise est celui des tissus de coton, qui représente à lui seul une valeur à peu près égale à celle de tous les autres articles réunis.

Parmi les cotons écrus, imprimés ou teints, nous devons citer les mouchoirs rayés et bordés qui servent de vêtements et qui viennent en grande partie de la Suisse et de Bombay.

Les shirtings américains, les kanakis ou guinées, qui se vendent en pièce de 8 à 14 yards de longueur, sont fournis par la Suisse, l'Angleterre et les Indes.

Un fait digne de remarque, qui vient à l'appui des cris d'alarmes jetés déjà par quelques économistes anglais, tendrait à prouver que les manufactures anglaises, dans un délai très court, trouveront dans celle de l'Inde des rivales redoutables, plus redoutables pour elle que la concurrence européenne.

Les articles de Manchester et de Glasgow qui, il y a quelques années à peine, avaient la priorité sur tous les marchés de l'Inde, de la Chine et de la côte orientale d'Afrique, sont peu à peu mis de côté, et leur place est prise par des articles similaires parfaitement bien imités, provenant des fabriques indiennes établies surtout à Bombay.

(1) A consulter dans les bureaux de la direction du commerce et des consulats.

Les Américains, malgré le bon marché de leurs produits, sont eux-mêmes menacés.

Le bas prix de la main-d'œuvre, la proximité des champs de production des matières premières, et peut-être aussi une étude plus approfondie des besoins et des goûts des consommateurs, études faites par des agents établis dans les centres de consommation, ont permis aux industriels indiens de faire une concurrence victorieuse à ceux du Lancashire, des États-Unis et même de la Suisse.

En 1876, on connaissait à peine à la côte orientale d'Afrique les tissus de l'Inde; en 1884, l'importation de ces mêmes tissus atteint pour le port de Mozambique le chiffre de 250,000 francs; pour celui de Quilimane de 985,000, et pour celui d'Ibo de 55,000 francs; soit en tout près de 1,300,000 francs sur un total de 4,500,000 francs.

Ces chiffres sont éloquents, bien qu'ils ne comportent pas les articles « tissus » importés dans les autres petits ports de la côte.

Après les tissus de coton, nous devons mentionner les étoffes de laine pure et de laine et coton qui servent surtout à l'habillement des Portugais et des Européens. Ce sont des draps fins et des étoffes de fantaisie.

Puis viennent, par rang d'importance, les boissons distillées, les métaux, les armes, la poudre, le sucre, etc.

D'après les relevés de la douane, on constate que la Belgique fournit du sucre, des boissons distillées, de la verrerie et des métaux. Ces relevés ne mentionnent pas notre pays comme fournissant des armes; cependant j'ai vu des quantités de fusils de fabrication liégeoise dans les magasins de différentes factoreries. Il faut attribuer cette lacune aux mêmes raisons que celles que j'ai déjà signalées dans mon rapport sur le sultanat de Zanzibar; ici comme là, les marchandises sont vendues sous le couvert des marques anglaises et allemandes, et le fabricant belge reste ignoré.

Les fusils à pierre sont aujourd'hui délaissés, les nègres préférant ceux à piston.

Un point encore à remarquer, c'est la marche progressive du commerce du district de Quilimane, qu'il faut attribuer d'abord à une appréciation plus juste que les négociants ont de l'importance du Zambèze comme voie de communication vers l'intérieur, et ensuite à l'occupation plus effective du Gorongoza par les Portugais. Cette progression ne fera que s'accentuer, aujourd'hui surtout que, grâce aux efforts faits par M. A. de Castilho et à une heureuse campagne entreprise par MM. Païva d'Andrade et Manuel Antonio de Souza contre les Bongas, tout le Zambèze est maintenant libre de toute entrave jusqu'aux chutes.

La ville de Lorenzo-Marquès tend à devenir le vrai port du Transvaal depuis la découverte des mines d'or ; tout le commerce de ce pays prend la direction de Delagoa-Bay, et ce au détriment du port de Natal, dont la distance de Barberton, où se trouvent les « Gold fields », est de 474 milles, tandis qu'elle n'est que de 120 pour Lorenzo-Marquès.

Les agents officiels anglais sont tellement convaincus de ce prochain avenir qu'ils ne cessent d'en prévenir leurs compatriotes. Il n'y aurait aucune difficulté à supplanter ceux-ci, en raison de la haine profonde que les Boers éprouvent pour tout ce qui est anglais.

A côté de ce commerce dont je viens de donner une courte esquisse, il est bon de mentionner qu'il existe dans le Mozambique deux foires d'une certaine importance. Ce sont celle de Zumbo et de Manica. Zumbo est située sur le Zambèze à 15° 37' de latitude sud et 30° 25' de longitude est. La foire qui s'y tient est à peu près abandonnée aujourd'hui ; cependant sa position est la plus propice au commerce avec l'intérieur. De là on a des communications fluviales par l'*Aruangua* avec le *Gazembe*, par le *Kufué* avec les tribus de l'intérieur, par le haut Zambèze avec les Batokas et les Matebeles, et avec l'Océan par le bas Zambèze.

La foire de Manica est située à 300 kilomètres à l'ouest de Sena, à peu près à 18° 50' de latitude sud et 32° 10' de longitude est ; elle est établie dans de moins bonnes conditions que celle de Zumbo.

En examinant les tableaux des exportations, nous voyons que ce sont les produits oléagineux qui l'emportent sur tous les autres ; puis viennent l'ivoire, dont le commerce, comme je l'ai dit plus haut, est exclusivement entre les mains des Indous, le caoutchouc, la cire, les farines et céréales, les peaux, l'orseille, etc., etc. ; l'or brut ne figure que pour une somme très faible.

En résumé, la province de Mozambique possède d'immenses ressources, bien supérieures à celles des colonies adjacentes ; le mouvement commercial tend à s'accroître d'année en année. La suppression du fermage des « Prasos », de certains droits fiscaux et de formalités administratives ; l'adoption de mesures plus libérales permettant à l'initiative privée d'exploiter ces vastes richesses naturelles ; la création de voies de communication, routes, chemins de fer, canaux ; l'établissement d'un service régulier de petits steamers spéciaux sur le Zambèze et le C. iré ; la construction d'installations maritimes dans les principaux ports ; la formation d'une société pour y attirer l'émigration européenne, achèveraient de donner au commerce une impulsion qui ramènerait les beaux jours de la grande prospérité portugaise lors de la conquête du pays.

Il y a actuellement à la tête du gouvernement général de Mozambique, un homme d'une grande activité, d'une haute intelligence, appuyées d'une expérience acquise pendant un séjour de plus d'un quart de siècle en Afrique ; c'est M. A. de Castilho, officier supérieur de la marine de guerre portugaise. M. de Castilho a compris tout le parti qu'il pouvait tirer du pays qu'il administre ; aussi tous ses efforts tendent-ils à la réalisation des réformes indiquées plus haut.

Maisons de Commerce.

Les grandes maisons européennes établies dans la province de Mozambique ne traitent généralement pas directement avec les indigènes du pays ; les Maures, les Indous et les locataires des « Prasos » leur servent d'intermédiaires.

On trouve des Indous installés partout, jusque dans les plus petites localités, là où il y a quelques huttes de nègres ; ce sont les agents les plus actifs du commerce de la côte orientale.

L'usage de la monnaie n'étant pas connu dans l'intérieur, les achats et les ventes se font par voie d'échange des produits naturels du pays contre les articles européens, non seulement entre le noir et l'intermédiaire, mais encore entre ce dernier et les grandes maisons.

De toutes les factoreries, qu'on trouve dans les centres commerciaux, celles des maisons françaises sont sans contredit les seules ayant une importance réelle.

En première ligne, je dois citer la maison Mante frères et Borelli de Régis aîné, de Marseille, qui fait un chiffre d'affaires considérable ; elle est établie dans cette province depuis près d'un demi-siècle. Elle a des succursales à Mozambique, Ibo, Quilimane, Macuse, Chiloane, Inhambane, Lorenzo-Marquès, ainsi qu'à Nossi-bé et à Tamatave, dans l'île de Madagascar. Son commerce comporte tous les articles d'importation et d'exportation, sauf l'ivoire qui est entièrement entre les mains des Indous.

Puis viennent la maison Fabre et fils, de Marseille ; la maison Philippi, de Hambourg ; la société hollandaise « Oost Afrikaansch Cᵒ », de Rotterdam ; « The Afrikan Lakes Cᵒ », de Glascow ; la maison Deus et Schullz, de Hambourg, et celle de Correo et Carvalho, de Lisbonne. La plupart de ces firmes ont des succursales dans les principaux ports de la province.

Le commerce de détail est presque entièrement entre les mains des Indous et de quelques rares étrangers. En général leurs magasins sont propres, bien tenus, bien fournis de tous les articles européens et de l'Inde en usage sur toute la côte orientale et dans l'intérieur des terres.

Lignes de navigation.

La côte de la province de Mozambique est actuellement desservie par trois lignes régulières de steamers.

La « Castle Mail Packets Cᵒ », de Londres, qui fait le service entre cette dernière ville et Mozambique, en passant par Lisbonne, le Cap, Natal, Lorenzo-Marquès, Inhambane, Chiloane et Quilimane. Ce service se fait tous les vingt-huit jours.

Les « Messageries maritimes », de Marseille, qui ne font que toucher à Mozambique en venant de Maurice, Madagascar et des Comores pour se rendre à Zanzibar.

La « British India Steam Navigation Cᵒ », de Londres, qui fait escale à Ibo et à Mozambique, venant de Bombay, Aden et Zanzibar.

Ces deux dernières ont aussi un service régulier tous les vingt-huit jours.

La première de ces lignes, la « Castle Mail », cessera d'être subventionnée par le gouvernement portugais et sera remplacée, comme malle postale, par une ligne portugaise à partir du 1ᵉʳ janvier 1888.

Il est plus que probable qu'elle continuera à faire le même service concurremment avec la ligne portugaise.

Il est question d'établir une ligne secondaire qui ferait le service entre Quilimane, Inhamissengo, Pungue, Sofala et Chiloane et qui serait en communication par ses points extrêmes avec la grande ligne de Lisbonne à Mozambique.

Les steamers des Messageries maritimes cesseront complètement de faire escale à Mozambique à partir du 1er juillet 1888, époque à laquelle cette compagnie établira la ligne directe de Marseille à Zanzibar.

Les grandes maisons établies dans le pays se servent peu ou pas de ces voies de navigation, elles affrètent des navires qui apportent à leurs factoreries les produits d'Europe et emportent ceux du Mozambique.

Je joins à mon rapport quelques tableaux (1) concernant le mouvement des ports en 1884 et 1885.

Agréez, etc.

Le Consul général à Zanzibar,
L. DE CAZENAVE.

ANNEXE.

Décret royal du 4 décembre 1869 réglant l'exploration, les concessions et l'exploitation des gisements de minerais dans les colonies du Portugal.

CLAUSE PREMIÈRE.

ARTICLE 1er. L'extraction des minéraux utiles doit être le seul but de l'exploitation des mines.

ART. 2. Tous les gisements qui, par leur nature et par l'étendue des travaux, seront reconnus être de vrais minéraux pouvant être

---

(1) A consulter dans les bureaux de la Direction du commerce et des consulats.

exploités, ne pourront être exploités qu'en vertu d'une concession du gouvernement.

Note. Sous ce titre sont compris : les dépôts de substances métalliques, graphites (plumbago) et de minéraux combustibles, excepté la tourbe, le sel, les pierres précieuses, le soufre.

Art. 3. D'autres gisements tels que : or d'alluvion, alluminium, ou tout autre dépôt d'alluvion existant dans les rivières, ou sur les côtes de la mer, ou sur les terres publiques, peuvent être extraits sans aucune formalité à remplir, pour autant que l'extraction ou le lavage en soient faits au moyen d'appareils mobiles. Si les appareils employés sont fixes, ou d'une nature permanente, une demande de concession doit être faite comme pour celle des gisements, ainsi qu'il est dit à l'article 2.

Art. 4. Les formations de pierre de quelque nature que ce soit, les tourbières, les gisements ferrugineux, soit d'alluvions ou marécageux ; les eaux minérales ou salines, et les efflorescences salines, peuvent être exploités librement par le propriétaire du sol, ou avec son consentement, sans l'autorisation du gouvernement.

Note. Cependant lorsque l'intérêt public exigera l'utilisation de ces gisements ou dépôts, le gouvernement pourra autoriser leur exploitation si le propriétaire le prohibait.

CLAUSE DEUXIÈME.

De l'exploration et de l'exploitation.

Art. 5. — Les travaux entrepris dans le but d'examiner la nature géologique et minéralogique, et la valeur des gisements, ou des roches contenant des matières minérales, sont divisés en travaux d'exploration et travaux d'exploitation.

1ᵉ *note.* Sont considérés comme travaux d'exploration :

a. Le creusement des fosses jusqu'à 15 mètres de profondeur ;

b. Le creusement des tranchées ayant jusqu'à 25 mètres de longueur ;

c. Le creusement des sillons ou coupes jusqu'à 2 mètres de profondeur ;

d. Le percement avec des sondes (*os furos de sonda*).

2ᵉ note. Les travaux excédant les limites mentionnées par les chiffres de la première note, et les sondages qui ont pour but d'ouvrir des puits, ou les sondages d'un diamètre considérable, seront considérés comme travaux d'exploitation d'une importance égale à ceux nécessités pour l'extraction actuelle des minerais.

Art. 6. Toute personne, de nationalité portugaise ou étrangère, peut librement explorer dans le but de découvrir, ou d'examiner les gisements de minerais existant sur les terres appartenant à des particuliers, s'il en obtient le consentement écrit du propriétaire.

Art. 7. Avant d'explorer sur les territoires appartenant à l'État, ou sur ceux sur lesquels l'État étend sa souveraineté, une licence devra être obtenue du gouvernement de la province, qui l'accordera après avoir consulté le conseil. Pour les terres municipales ou communales, une licence de la municipalité sera suffisante.

Note. Sur sa demande de licence, le demandeur devra mentionner l'endroit ou les endroits qu'il a l'intention d'explorer.

Art. 8. Si le propriétaire d'une terre particulière refuse de donner une autorisation d'explorer, cette autorisation pourra être donnée par l'autorité administrative compétente après l'accomplissement des conditions suivantes :

1° L'autorité administrative devra être premièrement convaincue de l'utilité de ladite exploration. Et alors il sera fait un état des dommages probables de cette exploration, ainsi que des revenus de la propriété que l'on désire explorer.

2° Le demandeur devra donner une garantie suffisante pour couvrir les dommages et revenus, ou bien il déposera une somme fixée pour les dommages et revenus, et alors l'autorité signifiera au propriétaire d'avoir à donner son consentement.

Note. Il pourra être fait appel au gouverneur de la province, en conseil, l'ingénieur des mines étant consulté, de la décision autorisant l'exploration contre la volonté du propriétaire des terres, ou du refus qui en serait fait.

Art. 9. Une licence d'exploration ne sera valable que pour une période de deux années ; mais à l'expiration de ce terme, elle pourra être renouvelée pour une période égale par le gouverneur de la province en son conseil, l'ingénieur des mines étant consulté.

Art. 10. Les travaux d'exploitation, même sur une propriété

privée, exigent une licence du gouverneur de la province en son conseil, l'ingénieur des mines étant consulté.

1re *note.* Le demandeur d'une licence de ce genre devra joindre à sa demande une esquisse ou plan en double du terrain sur échelle de 1 pour 10.000.

2e *note.* Les conditions mentionnées à l'article 8, quant à la manière dont le consentement du propriétaire sera obtenu, sont applicables aux travaux d'exploitation.

Art. 11. L'étendue du terrain sur lequel les travaux d'exploration et d'exploitation seront autorisés par licence, ne pourra jamais excéder 25 kilomètres carrés ou 2,500 hectares ; mais un explorateur pourra obtenir d'autres licences pour d'autres terrains.

Art. 12. Les étrangers, les sociétés étrangères se proposant de faire des travaux d'exploration ou d'exploitation, ne pourront être autorisés à les entreprendre, ou ne pourront obtenir les licences nécessaires, à moins de faire l'abandon des droits spéciaux qu'ils peuvent avoir comme étrangers, dans tout ce qui a rapport à l'exploration, l'exploitation, la concession ou le travail des mines, et jusqu'à ce qu'ils aient déclaré que, sur tous ces points, ils acceptent les mêmes charges et conditions auxquelles sont soumis les sujets portugais.

Note. Cet abandon et cette déclaration doivent être formellement faits devant un juge de première instance du royaume ou des colonies, qui décidera dans les formes sur ce sujet. Le demandeur étranger devra en présenter un certificat en double au gouverneur de la province qui en remettra une copie au gouvernement de la mère patrie.

Art. 13. L'exploration et l'exploitation sont absolument interdites :

1° Sur les rues et voies publiques ;

2° Dans les limites des endroits fortifiés, ou dans les fortifications ;

3° Dans les districts non ruraux ;

4° Et à pas moins de 40 mètres des édifices, des chemins ou voies publiques, des canaux, des ponts ou autres endroits à l'usage public.

Art. 14. Toute exploration ou exploitation est prohibée :

1° A pas moins de 1,400 mètres des terrains affectés aux revues et parades, ou des postes fortifiés, à moins d'une licence expresse du gouverneur de la province, avec le vote affirmatif du conseil du gouvernement ;

2º Dans toutes les maisons particulières, à moins d'une licence écrite du propriétaire, laquelle ne pourra être accordée par le gouverneur de la province ou par le gouvernement portugais.

Note. Toute personne, qui ne se conformera pas à ce qui précède, ou au précédent article, sera condamnée à payer le double du montant des dommages occasionnés et de plus, pourra être condamnée à une amende de 20,000 réis ; et sur une seconde contravention pour être emprisonnée pour une durée qui n'excédera pas un mois.

CLAUSE TROISIÈME.

De l'évidence ou preuve de la découverte et des droits de découverte.

ART. 15. La personne qui aura découvert un gisement minéral, devra prouver sa découverte en l'enregistrant dans le but d'assurer son droit à la concession.

Note. Dans ce but, elle présentera en même temps que sa demande une note dans laquelle, en outre de son nom, de sa nationalité, de sa résidence et de sa profession, elle déclarera :

1º La nature du minerai découvert ;

2º La localité dans laquelle se trouve ce minerai, marquée aussi exactement et aussi détaillée que possible, avec le nom de la paroisse, de la municipalité et du district ;

3º Les mines avoisinantes, s'il en existe ;

4º Le nom et la résidence du propriétaire du sol, s'il appartient à un individu quelconque.

ART. 16. L'autorité administrative compétente inscrira cette preuve dans un livre approprié à cet usage et paraphé par le gouverneur de la province, en marquant le jour et l'heure de cet enregistrement, et de ce, un certificat sera délivré au demandeur.

Celui-ci pourra exiger de la même autorité, qu'elle lui délivre un reçu de la note probante au moment de sa présentation ; sur ce reçu seront mentionnés le jour et l'heure qu'il lui aura été remis.

Note. Cet enregistrement perdra son effet au bout de deux années après sa date, si dans cet intervalle le propriétaire du certificat d'enregistrement n'a pas fait sa demande de concession, ou obtenu une prolongation l'autorisant à continuer à explorer ou exploiter.

Art. 17. Étant en possession du certificat d'enregistrement dont il est parlé à l'article 16, la personne ayant découvert la mine devra s'adresser au gouverneur de la province pour la reconnaissance de ses droits de découverte.

1º Le gouvernement fera immédiatement publier dans la *Gazette officielle*, et afficher dans la capitale de la province, et dans les endroits principaux du district particulier, « un avis » faisant appel à toute personne qui pourrait avoir le droit de faire opposition à cette reconnaissance, de faire sa protestation dans un délai de 60 jours, à partir de la publication dans la *Gazette officielle*.

2º Si une protestation est faite, la question sera décidée par le gouverneur en son conseil, avec droit d'appel au conseil d'Etat pour les deux parties.

Art. 18. Si aucune protestation n'est faite, ou si l'*avis* reste sans observation, le gouverneur, après avoir entendu son conseil et examiné toutes les preuves de l'existence de la mine, donnera l'ordre de dresser les *titres de droits*, acquis par la découverte, pour être remis au demandeur, en y marquant d'une façon aussi précise que possible la situation de la mine.

Note. La surface du terrain acquise pour chaque découverte ne pourra jamais excéder le maximum fixé pour l'exploration et l'exploitation.

Art. 19. Les titres de *droits de découverte*, dressés d'après l'article précédent, seront valables pour la personne qui aura découvert la mine, pour une période de douze mois, dans le but de lui permettre d'obtenir la concession définitive ; et si la concession n'est pas obtenue dans ce délai, elle perdra tous ses droits sur la concession, qui sera mise en adjudication publique ; la personne qui aura découvert la mine ne retenant qu'un droit de prime.

Note. Cette prime sera de 2 p. c. sur les bénéfices produits par la mine, et cette charge sera comprise dans les payements à effectuer par l'acheteur de la mine.

Le *titre de droit de prime* sera donné par le gouvernement et sera transférable par simple endossement.

CLAUSE QUATRIÈME.

De la concession des mines.

SECTION PREMIÈRE.

De la forme de la concession.

ART. 20. Toute personne, société d'individus ou compagnie, désirant une concession de mines, devra s'adresser au gouverneur de la province, adjoignant à la demande :

1° Le titre de la découverte ;

2° Un plan topographique en double sur une échelle de 1 pour 10,000 ;

3° Un document probant établissant les capacités de la personne choisie pour diriger les travaux.

Note. La preuve requise (3) sera un certificat de compétence obtenu dans une école de mines portugaise, ou étrangère, ou une déclaration faite par un expert technique que la personne choisie a eu la direction de mines.

ART. 21. Lorsque le demandeur aura rempli les formalités spécifiées dans l'article précédent, le gouverneur, ayant pris l'avis de son conseil, donnera l'ordre de dresser le *titre de propriété de la mine* et de lui remettre, en y spécifiant les limites de la concession, en réservant les droits du propriétaire du sol, conformément aux termes de ce décret, et en mentionnant les obligations générales imposées au concessionnaire, ainsi que les charges spéciales de la concession.

Note. Un des plans délimitant la concession sera rendu au concessionnaire avec le titre de la propriété. La surface du terrain délimité ne devant pas être plus grande que 2,500 hectares.

Des termes de la concession

ART. 22. La concession confère au concessionnaire la propriété de la mine, conformément aux termes de ce décret.

1° Les terres agricoles appartenant à l'État qui seront comprises dans les limites de la concession d'une mine, feront l'objet d'une concession spéciale, si le concessionnaire désire s'en servir.

2º La propriété d'une mine est transférable avec l'approbation préalable du gouverneur ou du gouvernement portugais.

Art. 23. La concession autorise seulement l'extraction des produits utiles qui y seront mentionnés, et de ceux qui peuvent s'y trouver mélangés dans les gisements.

Note. La surface comprise dans les limites d'une concession peut être explorée et exploitée pour d'autres matières que celles pour lesquelles la concession aura été donnée, et une concession pour l'extraction de ces autres matières peut être accordée, si les gisements en sont entièrement distincts, et si les intérêts du premier concessionnaire ne sont pas compromis par elle.

Art. 24. Le champ d'une concession ne peut être divisé, aucune partie n'en peut être aliénée, même si elle comprend un ou plusieurs lots entiers (*parceillas inteiras*), si ce n'est dans le cas où l'on verrait finalement qu'elle peut être divisée en deux concessions distinctes.

Note. Cette division peut être faite par le gouverneur après consultation avec son conseil et l'ingénieur des mines de la province.

SECTION TROISIÈME

De l'acte de délimitation, et de la prise de possession.

Art. 25. Les actes de délimitation et de prise de possession seront faits de la manière suivante :

1º L'administrateur du conseil (*administrador do concelho*) ou la personne exerçant ces fonctions, rendra visite aux propriétaires des mines voisines, s'il en existe, pour les assister dans l'acte de délimitation et de la prise de possession de la mine, en leur en donnant avis huit jours à l'avance, et en spécifiant le jour et l'heure que cet acte aura lieu ;

2º La délimitation sera faite par l'ingénieur de la province, et des bornes seront placées aux point indiqués dans le plan et dans le titre de la concession ;

3º Le concessionnaire prendra possession de la mine immédiatement après, avec toutes les formalités légales accomplies par l'administration du conseil, ou par toute autre personne exerçant ces fonctions, et un acte en sera dressé et signé par les parties intéressées et deux témoins.

Note. Tous les soins possibles seront pris par les autorités en faveur du demandeur concessionnaire, et tous les documents depuis *la note de la preuve de la découverte et de l'enregistrement de la mine* jusqu'à *l'acte de délimitation et de prise de possession,* seront payés par lui.

ART. 26. Les bornes posées ne pourront être changées sans l'autorisation du gouverneur, et le concessionnaire sera obligé de les tenir debout et parfaitement visibles, sous peine d'encourir les pénalités mentionnées aux articles 445 et 446 du code pénal.

SECTION QUATRIÈME

Obligations du concessionnaire.

ART. 27. Les obligations imposées aux concessionnaires, par le fait d'une concession accordée, sont générales, spéciales ou accidentelles.

ART. 28. Les obligations générales sont les suivantes :

1° De remplir vis-à-vis du propriétaire du sol les obligations imposées par ce décret ;

2° D'exploiter la mine conformément aux règles scientifiques ; les maîtres, subordonnés et ouvriers devant se soumettre également aux règlements imposés ;

3° De répondre à toute réclamation faite pour dommages occasionnés par des tierces personnes dans l'exploitation de la mine ;

4° De présenter à la fin d'une année après la date du titre de la concession, un plan en double, à l'échelle de 1 pour 1,000, montrant tous les détails des travaux qui seront mis à exécution ;

5° De commencer les travaux, à moins de cas de force majeure, dans les six mois de la date de la concession, sous peine de la perdre ;

6° De tenir la mine en état de travail et de progrès ;

7° De prendre toutes les précautions nécessaires, dans le délai qui sera fixé, si la mine, de quelque côté que ce soit, menaçait de s'effondrer par suite de travaux mal dirigés;

8° De ne pas empêcher ou rendre impossible l'extraction future du minerai, par suite de travaux tardifs ou imparfaits;

9° De ne pas suspendre les travaux avec l'intention de les abandonner, sans en avoir donné avis aux autorités, ou sans les laisser dans de bonnes conditions;

10° De payer toutes les charges imposées par la loi, ou qui pourront être imposées;

11° D'envoyer au gouverneur de la province, avant le 31 janvier de chaque année, un rapport sur les travaux exécutés dans l'année précédente;

12° De ne pas changer l'ingénieur chargé de la direction des travaux sans la permission du gouverneur;

13° D'élever des constructions appropriées à la santé et à la sécurité des ouvriers; d'empêcher le débordement des eaux employées pour l'usage de la mine, ou leur échappement du drainage.

Note. Ces travaux seront ordonnés par le gouverneur après consultation avec l'ingénieur des mines et le conseil du gouvernement.

14° De ne pas payer les ouvriers en marchandises, s'ils ne le désirent pas.

15° De n'extraire d'autres minerais utiles que ceux mentionnés dans le titre de la concession, et ceux qui se trouvent mélangés avec eux dans le même gisement;

16° De permettre, sur l'étendue comprise dans le titre de la concession, l'exploitation d'autres produits utiles, si le gouverneur de la province juge convenable d'en donner l'autorisation.

ART. 29. En outre des obligations générales ci-dessus, d'autres spéciales ou accidentelles peuvent lui être imposées, comme par exemple :

1° De consentir à l'ingérence des autorités militaires, si la mine se trouve située dans un rayon de 1,400 mètres d'une forteresse militaire, ou d'un poste fortifié, et de consentir aussi aux travaux d'investigation qui peuvent être entrepris pour des puits perpendiculaires ou de galeries horizontales;

2° De se soumettre aux conditions imposées par le gouverneur, après consultation avec l'ingénieur des mines, dans le cas où les travaux à exécuter seraient à moins de 40 mètres des côtés des chemins, voies publiques ou canaux.

SECTION CINQUIÈME.

De la durée de la concession.

ART. 30. Toute concession est faite pour un temps illimité ; et tant que le concessionnaire remplira les conditions que la loi lui impose, il pourra continuer à disposer des produits de la mine, et à jouir des droits garantis par ce décret.

SECTION SIXIÈME.

De la vente publique d'une concession.

ART. 31. Une concession peut être mise en vente publique dans les cas suivants :

1° Lorsque la personne qui a découvert un gisement minéral n'en obtient pas la concession d'après les termes de l'article 19 ;

2° Lorsque la concession est reconnue comme étant abandonnée.

ART. 32. La mise en adjudication sera faite par le gouverneur de la province par un avis publié dans le Bulletin et la *Gazette officielle*, et sera continué pendant un an, à partir du jour de la première publication.

Note. Le gouverneur, d'accord avec le conseil des mines, posera les conditions de la vente, et comme il est dit au n° 1 de l'article précédent, les acheteurs seront tenus de payer la prime due à la personne qui a découvert la mine.

ART. 33. Toutes les offres seront basées sur les conditions de la mise en adjudication, et envoyées cachetées au secrétariat du gouvernement, dans le délai fixé.

Les offres seront dûment ouvertes au jour fixé par le gouverneur, lequel jour sera publié par avance dans le Bulletin de la province.

Le gouverneur, après avoir consulté le conseil du gouvernement, accordera la concession à celui qui aura fait les meilleures offres, et présentera les garanties les plus sûres. Appel peut être fait de cette décision au gouvernement portugais, dont la décision, après consultation avec le conseil consultatif des affaires d'outre-mer, sera finale.

CLAUSE CINQUIÈME.

De l'abandon des mines.

Art. 34. Le concessionnaire perdra ses droits sur une mine, et celle-ci sera considérée comme étant abandonnée, s'il ne remplit pas les conditions de la concession, et plus spécialement :

1° Si les travaux ne sont pas commencés dans un délai de six mois à partir de la date de la concession, ou si la mine n'est pas tenue dans un état actif de travail, à moins de cas de force majeure ;

2° Si, lorsqu'il y a danger provenant de travaux inhabiles, il n'a pas pris les précautions nécessaires dans le délai voulu ;

3° Si l'extraction du minerai est rendue difficile ou impossible par suite de la méthode employée pour exploiter la mine ;

4° S'il ne paye pas les impôts établis par ce décret ;

5° S'il vient à manquer à la condition n° 4 de l'article 28.

Art. 35. Le jugement de l'abandon d'une mine sera prononcé par le gouverneur en conseil, le concessionnaire étant entendu, avec droit d'appel au conseil d'État.

Note. Le jugement d'abandon sera immédiatement publié dans le Bulletin de la province, et communiqué au gouvernement de la mère patrie.

Art. 36. Toutes les mines qui, avant ce jour, ont été reconnues comme étant abandonnées, ne sont pas affectées par les dispositions de ce décret relatives à la vente publique des mines abandonnées, et les terres sur lesquelles elles se trouvent peuvent être disposées d'après les termes de la loi ordinaire.

CLAUSE SIXIÈME.

Des charges imposées sur les entreprises minières.

Art. 37. Le concessionnaire payera à l'État :

1° Une somme annuelle fixe proportionnée à l'étendue du terrain concédé ;

2° Une charge proportionnée à la valeur du minerai extrait, laquelle sera déterminée par le gouverneur et le concessionnaire, le conseil du gouvernement étant entendu.

Note. Toutes les mines concédées antérieurement à la date de ce décret sont soumises aux impôts ci-dessus.

ART. 38. L'impôt sur la surface du terrain concédé sera de 100 réis par hectare. L'impôt proportionnel sur la valeur du minerai extrait n'excédera pas 1 1/2 p. c. de cette valeur.

ART. 39. Les mines de fer et de charbon sont exemptées de toute sorte d'impôts.

ART. 40. Tous les produits des mines exportés des colonies portugaises sont exempts de droits d'exportation et de tous autres droits quelconques, exceptés ceux mentionnés plus haut, quels que soient leurs noms, formes ou prétextes.

CLAUSE SEPTIÈME.

Des avantages offerts aux entreprises minières.

ART. 41. Les entreprises minières, dans les colonies portugaises, jouissent des avantages suivants :

1° En se conformant aux lois et règlements qui régissent ces matières, elles peuvent utiliser les eaux des fleuves, rivières, ruisseaux et sources, pourvu qu'elles ne soient pas déjà légalement en la possession d'autres personnes;

2° Elles peuvent utiliser les bois à brûler, le charbon, les bois de construction qui se trouvent sur les terres appartenant à l'État, à la municipalité, et peuvent y faire paître leurs troupeaux, en observant toutefois les lois et règlements;

3° Les machines, les pièces de fonte, les appareils et outils de toute sorte, expédiés soit du Portugal, soit de pays étrangers, pour l'usage des établissements miniers dans les colonies portugaises, sont libres de tous droits d'entrée exigibles d'après les tarifs douaniers en vigueur, ainsi que le charbon nécessaire à leur consommation. Cependant ils peuvent être soumis à certains droits locaux créés par le gouverneur de la province;

4° Aucun tribunal ne peut ordonner la suspension, ou faire obstacle aux travaux d'une mine, excepté dans le cas de faillite ;

5° Les machines, de quelque nature que ce soit, employées dans la mine, ne peuvent être séquestrées ou saisies pendant la durée des travaux et pendant qu'elles sont en usage.

CLAUSE HUITIÈME.

Des droits et des obligations du propriétaire du sol.

Art. 42. Les propriétaires du sol sont tenus de consentir à :

1° L'expropriation nécessaire pour le forage des puits perpendiculaires et galeries, l'érection des magasins, dépôts et machines, le barrage des rivières et leur canalisation, et tous autres travaux déclarés d'utilité publique ;

2° L'occupation de tout ou partie de leurs terres pour une période limitée.

Art. 43. D'un autre côté, les propriétaires ont droit :

1° Au payement par avance de la valeur des expropriations ;

2° D'être indemnisés de l'occupation temporaire de leurs terres par le payement d'un revenu ;

3° D'être indemnisés des dommages résultant de l'exploration, de l'exploitation ou travail des mines ;

4° De forcer les concessionnaires à payer la valeur des terres qu'ils occupent, si l'occupation excède la durée de trois années.

Note. Si, en ce qui concerne le montant à payer en vertu du n° 1, le propriétaire et le concessionnaire ne s'entendent pas, ils devront se conformer aux dispositions de la loi sur les expropriations pour cause d'utilité publique ; et s'il y a désaccord en ce qui concerne les revenus, dommages et valeur de la terre, ces questions seront soumises à des experts-arbitres, qui baseront leurs décisions sur les conditions énoncées dans la même loi.

Art. 44. Toutes les terres expropriées et constructions appartenant à une mine abandonnée depuis dix ans, retourneront au propriétaire du sol.

CLAUSE NEUVIÈME.

Des mines de l'État.

Art. 45. Sont propriétés de l'État :

1º Les mines abandonnées ;

2º Les mines connues, mais non exploitées, situées sur les terres gouvernementales, ou sujettes du souverain du Portugal.

Note. Le gouvernement, aussitôt que possible, publiera une liste des mines ayant trait à cet article.

3º Le gouvernement se réserve le droit d'accorder des concessions sur de grandes étendues de terrain à des sociétés ou compagnies pour des exploitations en général.

CLAUSE DIXIÈME.

De l'inspection des mines.

Art. 46. L'inspection extraordinaire des mines dans toutes les colonies portugaises sera ordonnée par le secrétaire pour les colonies du gouvernement de la mère patrie.

Art. 47. L'inspection ordinaire des mines de chaque colonie, sera ordonnée par le gouverneur de la colonie, qui emploiera pour ce travail une personne compétente, ayant des connaissances scientifiques, laquelle visitera et inspectera tous les établissements minéralogiques et métallurgiques.

CLAUSE ONZIÈME.

Dispositions finales.

Art. 48. En l'absence d'un ingénieur des mines, les devoirs imposés à cet officier par ce décret, seront remplis par un ingénieur de la province, et s'il n'y en a pas, par une personne que le gouverneur jugera capable à cet effet.

Art. 49. Tant que les ressources minérales des colonies ne seront pas développées, et qu'il ne s'y trouvera pas d'ingénieurs des mines capables, les ingénieurs publics dans les colonies pourront diriger les travaux privés, si cela peut être fait sans porter préjudice au service public.

Art. 50. Les autorités qui devront donner des licences pour l'exploration, l'exploitation et travaux des mines, d'après les termes de l'article 8, accorder le certificat de découverte d'après l'article 15, et assister à la délimitation et à la prise de possession des mines, sont les « administrateurs du Conseil » (administradors do Conselho).

Art. 51. Toutes les lois antérieures sur cette question sont abrogées.

Le ministre secrétaire d'État pour les colonies veillera à l'exécution de ce décret.

(Signé) Le Roi.
Luiz Augusto Robello da Silva.

Fait au palais, le 4 décembre 1869.

Le décret ci-dessus a été publié dans la *Gazette du Gouvernement*, à Lisbonne, n° 283, le 13 décembre 1869.

9 782019 196929